公司办公大楼

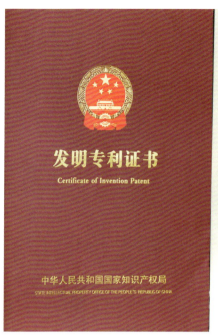

五粮清香获得国家专利

自治区级企业研究开发中心

内蒙古老字号

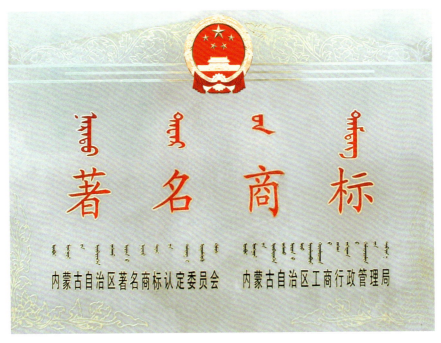

内蒙古著名商标

内蒙古自治区农牧业产业化重点龙头企业

内蒙古自治区扶贫龙头企业

全区先进私营企业

响沙王产品获得新工艺创新产品

全市"双强六好"非公企业党组织

全市"最强党支部"示范点

大河向东流

王忠厚　著

线装书局

图书在版编目（CIP）数据

大河向东流 / 王忠厚著 . -- 北京 ： 线装书局，
2023.4

ISBN 978-7-5120-5340-3

Ⅰ . ①大… Ⅱ . ①王… Ⅲ . ①报告文学－中国－当代
Ⅳ . ① I25

中国国家版本馆 CIP 数据核字（2023）第 017154 号

大河向东流
DAHE XIANG DONG LIU

作　　者：王忠厚
责任编辑：程俊蓉
出版发行：线装书局
　　　　　地　址：北京市丰台区方庄日月天地大厦 B 座 17 层（100078）
　　　　　电　话：010-58077126（发行部）010-58076938（总编室）
　　　　　网　址：www.zgxzsj.com
经　　销：新华书店
印　　制：涿州军迪印刷有限公司
开　　本：787mm×1092mm　1/16
印　　张：14
字　　数：179 千字
版　　次：2023 年 4 月第 1 版第 1 次印刷

线装书局官方微信

定　　价：76.00 元

序
为从苦难中走出的民营企业家而高歌
——为王忠厚《大河向东流》而序

包斯钦

本书是一部讲述奋斗者创业故事的人物传记类作品。

主人公徐向东祖籍陕西省府谷县。清朝年间，他的先祖走西口，辗转来到内蒙古准格尔旗定居。他生长在黄河岸边一个叫作乌兰计的偏僻小村庄，是喝着黄河水长大的。黄河的水，黄河的激流险滩，让他铸就了一种千折百回，不改初衷，一直奔向目标的精神特质。他是从那个艰难时代走过来的。吃不饱穿不暖是他儿时最鲜明的记忆，"过年穿上新衣服，放开肚子吃一顿饱肉"，是他那时最大的心愿。刚到八九岁便下地干农活，并且有了"卖点什么东西赚些小钱"的欲望。幼小的他，懵懵懂懂地明白了人的"支配权"与其可支配的财富有种比例关系的道理。于是，他在学校偷偷卖起了野生沙枣，"一碗沙枣卖五分钱，他再用卖沙枣的钱买冰棒，用来犒劳那些和他打沙枣的同伴。"这是他人生中第一次施展经营谋略和组织才华。

徐向东借助时代的东风，用自己的头脑和双手改变了自己和周围许多人的命运。他相信没有爬不过去的山，也没有迈不过去的坎儿。他推着一辆破旧自行车走村串户，当过菜贩子；他计算好了差价、利润，批发价进，零售价出，倒卖火炉筒子；他外出打工做苦力活儿——筛沙子，干了三个多月却让黑心老板娘坑了，分文没拿到手；后来，他入职国有百货公司，工作能力和经营头脑很快让人们刮目相看，可他却辞职不干了！改革的春潮让他跃跃欲试，他想用自己的双手打造出属于自己的一片天地。然而，他的创业之路荆棘丛生，只能摸索着往前走。他曾经种植覆膜西瓜，还曾开过门店、办过公司、经营过酒店，正当干得风生水起，却被确诊为皮肤癌晚期；不过，他的生命力十分顽强，奇迹般地战胜了病魔，还曾与死神几度擦肩而过；他赚钱心切，凭着一时冲动跑去贩卖走私摩托车，结果并不意外，让海关查处，血本无归……

　　不过，他都闯过来了！新世纪之初他不顾家人的反对，四处借贷，筹措资金，接手鄂尔多斯响沙酿酒有限责任公司，组建起内蒙古响沙酒业有限责任公司。接手这家负债数百万元、职工数百号人的股份制企业之后，徐向东大刀阔斧，进行改革，从产品变现盘活资金，到经营管理机制改革，再到技术升级开发新品，他披荆斩棘，奋力而为，很快扭转了被动局面。如今的内蒙古响沙酒业，已经是一家以白酒生产、销售为主业，兼具餐饮、养老养生、种植养殖业等多种业态的内蒙古自治区级重点龙头企业和扶贫龙头企业。

　　《大河向东流》详细记述了徐向东的奋斗经历。人物传记是对人物的生平、生活、精神历程进行系统介绍和描述的一种书写类型。"真、信、活"无疑是传记作品的准则和标准。也就是说，人物传记要做到"情真而不诡"，"事信而不诞"，还要写出人物鲜明的个性、丰富的内心，把人物写"活"。总之，人物传记必须使人物的事迹、经历、品质，乃至他与周围环境的各种关系都要跃然于纸上，可信、形象而生动。其中不可避免地会用到一些文学手法。于是，一些人物传记类作品就有了较强的文学性，成为文学的一个门类，被称为"传记文学"。不论一般性的人物传记，还是艺术性较高的传记文学，都要基于丰富翔实的客观材料，并有一个忠实于事实、忠实于时代和历史的信守，这应该是传记类作品第一位的要求。人物传记必须抓住人物的本质，在叙事当中揭示人物的精神实质，在环境当中表现人物的鲜活性格，使作品更具生活底蕴，更具历史的厚重感和思想的深刻性。

传记作品虽然不能像小说那样根据创作意图进行艺术虚构，但同样需要对曾经的人和事进行具有社会历史艺术高度的把握和提炼，需要真诚对待作品中的所有主次人物，客观而艺术地书写他们生命中的每一场风风雨雨，使人物及其故事可感、可亲、久远隽永。成功的人物传记，一定是把人物置于时代背景和各种社会关系之中去呈现的。这样的作品既有大的故事或事件，又有细腻入微的细节描写，既有现场感十足的场景再现，又贯穿着主人公绵延起伏的心路历程。这是复现他们生活的本真样态，真实还原人物如何成为"自己"的往昔图景，用事实见证一个时代的唯一有效方式。

人物传记类作品应有的这些品质，《大河向东流》具备了哪些，具备到什么程度，应由读者来回答。我有幸读到本书清样，感受到了作者为此书所付出的心血。在材料的取舍提炼、内容的结构布局、环境场景的重现，乃至在叙事技巧和文字表达方面，作者都花费了不少心思。当然，一部传记作品的价值，更大程度上取决于它所记录和反映的历史、人物本身，以及作者从中提炼出来的精神内核之上，这才是其价值的决定性因素。换言之，传记主人公的生活史、事业史、生命史是如何折射了社会、民族、国家的前进历史，以及它具备怎样的人格引导意义和引导力量，这是人物传记作品的价值所在。从这一点来说，《大河向东流》弘扬了积极向上、拼搏进取的精神基调，在书写主人公奋斗人生的同时，尽可能广泛而生动地展现了那个时代的历史画面，为读者提供了一种回味过往、想象历史的契机。

徐向东作为一个民营企业家，摸爬滚打，一路走来，他是成功的。他的故事当然可以当作励志故事来读，但我更看重的是它的"微观历史"的文本价值。近年来，一种被称作"微观史学"的写作，以及其中得以显现的微观历史，常常引起人们的关注和欢迎。所谓"微观史学"就是以"显微镜"的视野书写历史的局部，通过对一个人物、一个事件、一种组织或制度的考证、排比、叙述，展示和论证历史的某一局部和某一侧面的书写方式。微观史学得出的结论往往是具体的、专门的，其主要任务在于阐述具体可感的历史事实。它与宏观史学的主要差异在于研究视角和方法的不同，而并无高低、对错之分。微观史学用一个个瞬间、一件件小事来反映"大历史"在某一局部、某一侧面的影像投射，也使得"开放的历史"成为可能。

　　由此而言，徐向东的个人历史不也是一部微观历史吗？徐向东毕竟是一个时代千千万万创业者之一，千千万万普通人之中的一分子。通常的历史著作，以传统的国家视角或全局性重大问题的视角书写的历史著述，由于视角的太过宏大，大多会淹没了个体的普通人，哪怕是某一地方某一领域的成功人士及其故事，也未必能够进入宏大的历史叙述。然则，如果把具有一定典型意义的普通人所经历的平凡而别具特色的真实故事，原原本本地记录下来，揭示人物和故事与时代、历史的种种联系，岂不就是一部"微观历史"！身为普通人，他们曾有的激情、悲伤、梦想，曾经遭受的苦难、挫折与窘境，都是大历史的一朵朵浪花。他们经历的每一瞬间，包括徐向东给父亲买了一碗水饺，自己却站在饺子店门口，咽着口水，舍不得吃一碗的那个场景，难道就不该得到历史的正视吗？惟其被正视，历史才是普通人的历史，是普通人真切而触手可及的历史。我以为《大河向东流》的价值正在于此。

　　一部成功的人物传记，应当让读者感受到时代脉搏的跳动，看到特定历史时期真实的社会风貌。同时，它还应该是多层次、多角度、具有多重意义的书写，其中不仅具有时间的长度、空间的深度，它更应成为观察历史的窗口、思考历史的坐标。在我看来，《大河向东流》虽然尽力通过传记主人公及其周围人的故事真实展现了一个特定时代的风貌，但离"多层次、多角度、具有多重意义"的目标，可能还有一定的差距，相信作者不会就此止步。是为序。

2022.5.23

于呼和浩特

（包斯钦，内蒙古社会科学院文学研究所原所长、二级研究员、国务院特殊津贴专家、内蒙古文史馆馆员）

目　录

父母养育了我，家乡的泥土滋润了我，共产党培养了我，我要用心和热回馈达拉特这片土地和人民。

——徐向东如是说

第一章　厚土幽梦　苍茫辽远

打鱼划划渡口船，长河落日敕勒川。

抬头远望乌拉山，脚底丈量黄河湾。

在晋陕蒙大地上，有一首网红大咖传唱甚广的歌曲，带着浓浓的酒香空灵绝响，从公园、酒店抑或大街小巷随时窜出来，步行一条街，有人听见三四遍，这首歌的名字叫《响沙千里一壶酒》。这首发轫于内蒙古民歌《送亲歌》的故乡，以清新欢快的曲调，从达拉特大地如穿天杨一样拔地雄起，颂扬着一个传奇的人生故事，怀揣这一壶酒的主人公就是内蒙古响沙酒业有限责任公司党委书记、董事长徐向东。

内蒙古响沙酒业有限责任公司的前身为原达拉特旗国营制酒厂，始建于1971年，1996年实行股份制运营，2003年实行民营化转制。历经半个世纪，从国营、股份制到民营化的风雨沧桑，现已发展成以白酒生产、销售为主，以餐饮、养老、保健养生、种养殖业为产业链，全面高质量发展，春色满园百花盛开的内蒙古自治区农牧业产业化重点龙头企业和自治区扶贫龙头企业。响沙酒业现拥有固定资产8亿多元，厂区占地面积7万多平方米，现拥有员工近千人，公司引进一大批优秀专业人才，造就了一支精干高效、能征善战、富有生机和活力的企业团队。

1972年正月初十，一个男孩从达拉特旗中和西镇乌兰计村的一个农家土炕上呱呱坠地，他的啼哭声惊醒了一个手掌般大叫乌兰计的村庄。他的父亲望着这个闭着眼睛的小家伙喜不自禁，他想起了身后奔腾不息的黄河，转过身抬手作揖，一个名字蓦然涌向脑际，就叫向东吧。这是一个农人最简单的夙愿，祝愿家族和黄河一样，血脉传承一路奔腾向东，这个孩子就是徐向东。

这一年他的父亲徐耀先 23 岁，他的母亲高在兰 22 岁。那个时候，谁也没有想到 31 年后，这个叫徐向东的人，竟然以少帅一样的身份成为响沙酒业的董事长，带领着他的企业团队让一个濒临倒闭的企业起死回生，在大踏步前行的征程中一路高歌。

初见徐向东，中等个子浓眉大眼，睿智豁达，闪现着智慧者的光芒，魁梧的身材健硕挺拔，古铜色的脸膛闪现活力四射的精气神，这是他长期风吹日晒历练的客观印证。他沉着干练多谋善断，豪爽仗义心直口快，他大气而直率，言语中折射着一种气壮山河的澎湃。他的人生大厦就是由乐施好善、扶贫济困、悬壶济世、厚德载物所构建。与他交谈，他说话言简意赅，谦虚随和，在幽默风趣中人生锦言妙语脱口而出，一副金丝边眼镜的背后，闪烁着饱学诗书的学者形象，即使是陌生者也能在瞬间拉近距离。

走进徐向东的内心世界，其实他与学者无关，他在走向社会时，没有名牌大学的标签，甚至连一个中专文凭的皮囊也没有，而是从黄河岸畔走出来的农家娃，一个曾经敢于闯荡的追风少年，一个与时代同步，在艰难坎坷的人生之路上，经过千锤百炼，谱写了壮丽人生功成名就的企业家。

作为一名企业家，徐向东的年龄还不到知天命的年纪，别看他年纪轻轻，但他以思想者的深邃气度，战略者的睿智视野，执行者的卓越智慧，用激情和力量驱动创业豪情，在近二十年的时光里，谱写了一曲荡气回肠、气势恢宏的白酒产业集群发展的华美乐章。

以徐向东领衔的响沙酒业人不仅是创业的实践者，更是思维创新的追求者，这位运筹帷幄的企业领军人物，把响沙酒业的发展放在西部开发的大格局中排兵布阵，依托"呼（和浩特）包（头）鄂（尔多斯）"金三角的地域、区位优势，积极应对白酒行业竞争激烈、市场快速分化等各种形势变化，科学谋划，顺势而为，确立和实施了一系列培育发展壮大白酒产业整体战略构想，以质量、信誉、规模、效益为重点，以"取五谷之精华、酿酒中之珍品"为核心，在传承和探索中前行，在改革与创新中跨越，励精图治几十年，众志成城求跨越，一心一意谋发展，用敢为人先奋力拼搏的开拓精神，谱写了一曲科学发展、创新发展、和谐发展的创业之歌。

徐向东的人生源于一条河，一条随华夏民族成长而气势磅礴雄宏伟岸的大河，这条纵横捭阖的母亲河，从青海一路东下，从宁夏北上，经乌海，进入鄂尔多斯，画出一个巨大的"几"字形，上游自南向北，中游地势平缓，行杭锦，走达拉特，把两岸喂养得心宽体胖的河水徐徐向东，过准格尔黄河大峡谷，急转弯由北向南奔腾而去。

这个"几"字湾被称作河套，河的南端称之为"前套"，北端称之为"后套"。在"前套"有一个名不见经传的村庄叫乌兰计，其系蒙语，汉译为红色，因黄河冲积平原上淤澄的土地呈红色而得名。在这块古老神奇的河套大平原的南岸，诞生了一首《打鱼划划》的民歌，传唱久远，声名远播，表述了鄂尔多斯高原达特旗沃野平畴的壮美景观："打鱼划划渡口船，鱼米之乡大树湾；吉格斯太到乌兰，海海漫漫米粮川。"这方水绕山环被黄河拥抱的狭长地域，在母亲河乳汁的喂养下，草木茂盛，牛羊遍地，蜀黍黄澄，稻谷金灿，瓜果飘香，鲤鱼跳跃，一派撩人味蕾的绝美地域。北望巍巍阴山山脉乌拉山段奇峰险峻，逶迤东西；南眺库布其沙漠东西横亘，迤逦蜿蜒。在这个生机和活力产生和传递的绝美地域，人类生存的历史印记和行色匆匆的背影，蔓延苍茫与辽阔的诠释。

乌兰计的渊薮起源于 1876 年的清光绪年间，祖籍晋陕地区走西口的几户人家，在达拉特旗西部的昭君坟、四村、乌兰等地漂泊数载，总是风雨飘摇，衣不遮体，食不果腹，饥寒交迫，生活难以为继，到处都是"茅屋为秋风所破歌"的凄惨、悲凉之景。于是，他们骨瘦如柴的身子拖着沉重的脚步，背着破行烂李，开始了不知道哪里是最终目的地的又一次由东向西的迁徙。

几天后，他们停留在西靠毛不拉孔兑，北临黄河的一个地方。这个地方地广人稀，属于黄河冲积平原和孔兑山洪水淤澄区。一片天然林的枝头上，喜鹊们跳来跳去，叽叽喳喳叫着，偶有几只布谷鸟，也在林子里飞来飞去，不时地唱起了"春天的芭蕾"，他们顿感这里就是他们休憩和停留的港湾。于是停下了脚步，开始租种地户土地，跑青牛犋，逐步安定了下来。随后，由张氏两户、赵氏、尚氏、崔氏、高氏六户人家最早修建茅庵土房居住，逐渐扩大形成村落。

这个被称之为乌兰计的地方，地处鄂尔多斯高原北部的黄河岸畔，总面积 25 平方公里，现有耕地 2.67 万亩，共有 5 个村民小组，这个村庄，就是徐向东出生的地方。

徐向东的祖籍在陕西省府谷县徐家峁。他的先祖在清朝年间，在"河曲宝德州，十年九不收，男人走口外，女人挖野菜"的岁月里，他们跋山涉水，冲破重重险阻，冒着生命风险，"踏破贺兰山阙"，在贻谷放垦的蒙地寻找活下来的生存与出路。

现在寻踪问祖追溯徐氏家族走西口的历史似乎有些遥远，先人们长途漫漫的西行踪迹，连半点文字的痕迹也没有，岁月的痕迹被风刮雨刷得模糊不清，只留在后人口授相传的记忆里。后人记忆传承的蛛丝马迹，也随着一代代地离去，许多存活的记忆非但没有被雨水所激活，反而大浪冲刷得了无踪迹。在追寻徐向东家族直系遗传密码时，也只能追寻到高祖这一代，高祖徐氏从陕北府谷的徐家峁辗转到了内蒙古准格尔旗川掌定居，繁衍生息，具体叫什么名字，何年何月踏上了川掌的土地，现在已经失传，不得而知。高祖徐氏共养育五子三女八个孩子。在五子中，徐向东的曾祖父排行第五，名徐老五，曾在川掌开着一处车马大店，专为走西口北上的难民熬茶煮饭歇脚，名曰：徐老五大店。

徐向东的祖父徐三小养育四子两女6个孩子，其父徐耀先为第三子。1941年，徐向东的曾祖父和祖父离开了准格尔旗川掌乡，迁移到达拉特旗黑赖沟畔呼斯梁地区的吴家湾，曾祖父和祖父在吴家湾待了两年，生活不太如意，举家又返回了川掌。1944年，徐向东的祖父一家再次离开了川掌，举家迁到内蒙古杭锦旗的塔拉沟，四年后的1948年迁往中和西的乌兰计村，从此与乌兰计结下了不解之缘，把命运安放在乌兰计这片土地上，徐氏家族的一脉，像流浪的蒲公英一样，把根深深扎在了黄河水流经的地方，根深叶茂枝粗冠大。

徐向东的直系徐氏家族，在陕北府谷县的徐家峁生生息息不知有多少年，那里有徐氏的宗祠祖牌，作为大家族的徐氏，世代为农，虽不是名门望族，但都是忠实、善良人家，他们祖传家训就是：勤劳、善良、宽厚、淳朴、坚强、自信，十二字家训始终是徐氏家族做人处世的根本。不管是一直守卫在徐家峁的徐氏后人，还是坚守在川掌的徐氏后人，抑或走西口流落在内蒙古其他地方的徐氏后人，共同的特点都是坚守着"勤劳、善良、宽厚、淳朴、坚强、自信"的先人忠告，而这些特点也传承到了徐向东的身上，并且还发扬光大。

徐向东的祖父徐三小1957年因病去世，年仅44岁，当时大儿子徐玉喜23岁，二儿子徐耀华14岁，三儿子徐耀先8岁，四儿子徐耀光年仅2岁。徐三小去世后，孤儿寡母的徐向东祖母李三女和6个子女相依为命，吃了人世间少有的苦，遭了人世间少有的罪，一个身体单薄的女人，既当娘又当爹，在凄风苦雨中，给了儿女们一个家，擦干了眼泪背负着沉重的枷锁般的负担，竟然把多少难为事拿得起放得下，一身功劳变白发。而懂事的大儿子徐玉喜、二儿子徐耀华早早挑起了家庭重担，他们互相关照，搀扶着共同成长，成为左邻右舍羡慕不已的和睦大家庭。

　　远的不说，就徐向东的祖父及四个儿子，他们争强好胜，独当一面，吃苦耐劳，与人为善，为人正派，行事严谨，勤劳本分，评价甚高，都是乡间出类拔萃的人物。现年88岁高龄的大爹徐玉喜，虽患有重疾，但精神饱满，阅历丰富，记忆超强，谈吐不凡，对历史过往娓娓道来，用词达意，完全不同于普通的老年人，从他的言谈举止可以看出，完全是经风见雨闯荡江湖之人，曾经担任生产队长达二十余年，还担任过大队林场5年的场长。现年72岁的父亲徐耀先，是乌兰计大队大集体时代技艺高超的链轨车、拖拉机驾驶员，驾车走南闯北，曾经在乌兰粮站参加了工作，因故辞职回乡务农经商两不误，令人钦佩。儿子向东独自创业后，他辅其左右，披甲挂阵，历经风雨沧桑，多有作为。现虽年事已高，但还在商业一线拼搏，担任雪鹿啤酒达旗的总代理，他指挥着十多名员工，忙而不乱，在匆忙中享受着快乐。他的二爹和四爹都有革命军人的经历，两人都是不到二十岁就应征入伍，在革命军营历练成长，转业后在单位都是精兵强将，担当重要角色，成绩有目共睹。

　　徐家世代为农，与赋予粮食、牛马羊的土地恪守相依，年年重复着春耕夏种秋收冬储这些农人劳作的岁月。作为偏僻乡村的乌兰计，地处达拉特旗最西部的最北端，属于达拉特地域神经末梢，感应总是迟钝和慢半拍。

　　幼小的徐向东没有闲人看管，自小就吃了

儿时的徐向东（左为父亲，右边大爹）

许多苦，父母外出劳动，一根绳子拴在后炕圪崂，圈定了他的活动范围，爬来爬去自由玩耍，说不定一觉醒来，泪流满面的母亲正好闯开襟怀。自小没人照看在家里后炕拴过的徐向东，孤寂和难耐对他幼小的心灵的束缚，是他内心永远的创伤，难以湮灭。

　　徐向东的幼年和童年是在无电的日子里度过的，浇地抽水也是借用柴油机的动力完成的，更谈不上电灯的存在，在煤油灯的烟熏火燎中，度过了他简单而平实的童年。直到1982年电流才正式登陆乌兰计，结束了没有电的历史，那时的他已是弱冠少年。

　　闭塞的小村庄，与外面的世界隔着一扇打不开的门，门里门外就是两个泾渭分明的世界和景观。许多人家是"一门一窗，地下靠墙角安的一个水缸，破破烂烂还钉的几个蚂蟥，一进门炉台挨着炕，破行烂李黑亮放光"。夏季里没有喧嚣的车水马龙的噪音，只有夜晚青蛙的鼓声、蟋蟀的琴音、布谷鸟的歌唱，连麦在乌兰计上演连台好戏。除此之外，就是毫无声息的空旷与宁静，星星和月光窥视着地上的些微动静。一个人走在村庄里，灯影在稀疏与沉寂中忽隐忽现，似有狐踪鬼魅跟踪一样，难免有些害怕。多少个夜晚，徐向东除了和同伴在村头村尾捉迷藏外，就是站在村子中央，没有灯光的照射，没有月光的夜晚，和同伴们仰望星空，少魂忘世数着星星，再没有更多的奢望。偶尔一颗星星闪着一缕光从空中滑落，让他们兴奋不已。有时，徐向东和他的伙伴们，隔河望着对面乌拉山山湾闪烁的灯火出神，让他们钦羡不已，那块米粮仓般富庶流金淌银的河套平原，不仅仅能吃上白面馒头，就是精神生活也一样丰富多彩，那些电灯光闪烁着不是明灭的光亮，分明是一种差距的象征。他的心里隐隐有些不安在躁动，左邻右舍和邻近村庄聪明秀丽的女孩子，大都嫁到了河对岸的乌拉特平原，肥水流入外人田。

　　"天下黄河唯富一套"的声浪，就像胎教一样早已刻在了黄河南岸人们的脑海里，吃不饱穿不暖被称之为"河尼厢"（河那面）的黄河南岸，成为北岸人讥讽南岸人的代名词。那些记忆，在徐向东幼小的心灵里像伤疤一样，成了无法抹去的一道硬伤。那些黄河北岸被当地姑娘淘汰出局的男人，到河南岸求偶临行前，向偶遇者打招呼时，还短不了抛出讥讽的戏说："我今天去河那面拾牛粪片子去。"黄河南岸的男孩子往往有种说不清道不明的酸楚，又把追求另一半的脚步转向了库布其以南的梁外地区，否则就是一声声叹息。只有这个时候，晚间满村乱跑玩累了的小同伴们，像归巢的倦鸟一样，枕着妈妈的臂膀，听着一些虚无缥缈的故事进入梦乡。

历史总是让人始料不及，变化莫测。其实，龙摆蛇舞的黄河由于多沙善淤，变迁无常，改道十分频繁，内蒙古河套平原的黄河河道就曾多次变迁。也许是宿命的安排，乌加河黄河故道，在清同治、光绪年间断流，黄河向南改道，形成现在的黄河，也就把内蒙古的河套平原分成了前套和后套，黄河把大面积土地甩在了后套，也就有了前套狭窄后套宽广地理形态的客观存在。

徐向东的父辈走西口来到乌兰计这个地方，就再也没有从这里走出，生活在乌兰计这个偏僻的乡村，闭塞的地域成为与外界难以沟通的藩篱和屏障。向北只有一条通往黄河北岸的渡口，向南只有一条从东至西"晴天起黄尘，落雨就泥泞"蜿蜒曲折的县道，呈丁字形的水路和陆路看似大道朝天，实则"天堑"一样的存在。

这就是徐向东对乌兰计最为深刻的记忆，是永远抹不掉的心灵岩画。

幼时的徐向东，是一个淘气包，精力充沛，脑子活络，到处闲逛乱跑，荆棘林里出进，沙枣林里穿行，蒺藜地里如履平地，常碰得鼻青脸肿血迹划痕。他幼小的身子被紫外线晒成古铜色，泥里出水里进，浑身沾满泥巴黑不溜秋，时常做出一些让人意想不到的恶作剧。人虽不大，但在当地人们的眼里，他是一个让人喜欢让人疼爱的小顽童。

从徐向东记事时起，在他的眼里就是村北奔腾不息、气势恢宏的黄河；村南寻常季节是一条一望无际的灌渠，每到灌溉期，就是这条波光潋滟、清澈见底的人工灌渠，浇灌着自西向东大面积的沃野良田，他的家就夹在黄河与灌渠之间一个鸡鸣狗叫的村庄。

这条灌渠初建于1952年，地处黄河南岸，俗称"南干渠"。这条干渠原称"伊盟总干渠"，有"三黄河"之称，西起内蒙古杭锦旗，涵管穿越毛不拉孔兑，最初途径达拉特旗最西端的中和西乌兰计，东至中和西最东端的裴家圪旦，灌区总面积6万余亩，从西到东灌溉着中和西灌渠两岸广袤的土地。后逐渐扩建，曾扩展到现恩格贝镇的乌兰、柳子圪旦、万兴西、新华、蒲圪卜等地，横穿中和西、恩格贝北部，灌溉途经农田9万余亩。每到夏季灌溉期，十几米宽的灌渠里，徐向东和他的同龄小伙伴，在太阳光的强烈照射下，在暖融融的水里玩耍游弋，度过了夏日午后美好的时光。他褐色的皮肤，在紫外线的"抚摸"下，肤色更加黧黑，映衬着特有的光泽，度过了徐向东的游玩少年。

冬天里，村北黄河这个水平如镜的天然滑冰场，就是徐向东和同伴们的乐园。家长是不会同意他们到黄河上玩耍的，在那里玩游戏随时存在着生命的危险，别看那里表面上风平浪静，冷风飕飕地吹来，蓝色的冰层厚度有两尺有余，封冻的冰层断然不会压垮的，就是三五十吨的载重汽车开上去，水在冰层下流，车在冰层上走，几乎没有多少反应。每年黄河封冻时，开始是碎块冰壅满整个河道，白花花的冰块在河中逐浪飞波；随着温度的骤然下降，水瘦山寒，冰块愈来愈大，在河道里你推我拥，咔嚓咔嚓地撞击声此起彼伏，部分冰块被推上了岸，致使一些黄河岸畔冰凌拥堵，形成不规则的形状各异的嶙峋怪冰，有的像翘起的船头，有的像刀锋一样寒光闪闪，形成万种冰凌奇观，犹如刀剑直指苍天。有的则是随着冰块的移动，天衣无缝地与河岸契合，如同浇筑一样形成了完整的冰块。但在封河的过程中，受到水流诸多因素的影响，河心深水处往往会形成宽一二十米、长数十米，甚至上百米的无冰河（俗称"亮子"），哗哗流动的河水，暗藏着不为人知的杀戮和危机。这些无冰河，给行人造成了许多灾难，有人骑车不慎掉入河中，甚至有的人开着小车，一不小心也常掉入河中，葬身冰河。

就是这样危险的区域，住在河畔的小伙伴们，时常趁大人不注意，擅自闯入禁区一样的天然滑冰场寻找刺激。1986年寒假期间，天气寒冷滴水成冰，一日午后，乌兰计村七八个孩子在黄河冰面上滑冰，有的孩子把一根木棍扔出去，让大家滑冰追逐木棍，玩一种谁先抢到木棍便是第一名的游戏，每次扔出去都产生一个第一名。事不凑巧，当一个玩伴把木棍扔出去后，在争抢中一个八岁男孩掉入"亮子"中，拼命挣扎。说时迟那时快，年龄最大的郝海云一个箭步冲了上去，连衣服也没有来得及脱下，就跳入刺骨的冰河中进行营救，十六岁的郝海云抱着男孩向岸上游来，在岸上同伴递了一根长木棍的帮助下，被拉上了岸，俩人才脱险。当年冬天，达拉特旗委命名郝海云为"勇救落水儿童好少年"。他的英雄事迹，在达拉特大地被传为佳话。

童年的生活尽管天真烂漫，但在徐向东幼小的心灵里留下了太多的缺憾。吃不饱穿不暖是最深的记忆，饥饿的难耐一直在他的身上形成难以摆脱的困扰，盼过年穿新衣服燃放麻炮，放开肚子展油活水吃一顿饱肉，这么简单的愿望也只有过年才能实现。

西靠毛不拉孔兑，背靠黄河，南靠库布其沙漠，夹在巨型湾里的乌兰计村，既能得到水带来的红利，也历经了水患带来的无尽灾难，也忍受着沙漠饕餮大口的威胁。在徐向东的眼中，乌兰计已不是父辈眼中的乌兰计，昔日植被茂密的毛不拉孔兑沿线，自上而下由于过度放牧，人们掘沙蒿当柴烧，挖甘草卖钱，密密麻麻的甘草林，几近断根绝后，植被遭到破坏，沙化严重，导致洪水常常泛滥成灾。每到雨季，一旦阴雨连绵山洪暴发，黄河支流汹涌澎湃，黑压压的洪水向北倾泻，波涛呼啸震天，人在睡梦中，洪水已漫在了炕头，让人防不胜防。而后，一股股黑云般的巨流，形成巨大的洪峰，夹卷着沿途拔起的盈尺粗的老树和冲毁的房屋椽檩，和泥沙搅和在一起，向黄河倾泻，如千军万马咆哮奔腾，使黄河河床逐年抬高，近乎成为地上悬河。如同血栓堵塞，让人心痛不已。而黄河也一样，不再温柔恬静，而是变得桀骜不驯，似如野马脱缰，时有河水出岸，淹没农田。几天后，长势旺盛的庄稼，在河水的浸淫下，倒毙而亡，惨不忍睹。

在徐向东最初的记忆里，乌兰计河畔的黄河河道与地面直线距离丈余许，每年的汛期，河流湍急，似如猛兽一样的洪水，吞噬着岸畔的泥土，沿河的土地被河水大口吞下，随河水浩荡而去。头一年还是万顷良田，沃野平畴，随着轰隆隆的塌方声，原来生产粮食的农田，葬身河流之中，转瞬间就成了河流的温床，把农人的心撕成了支离破碎的碎片。那种力量之大，用语言都无法形容，当人靠近岸畔，眺望滔滔黄河水时，河神用尖利的牙齿，从岸底撕咬，底部逐步被河水淘空，脚下出现裂纹，说不定什么时候几平方米甚至更大的地面倒入河中，随巨大的涡流冲向了下游。河水浑浊，浊浪滔天，本来以河头地为主的乌兰计，河水的淘涮，河床南移，大面积的良田沃土被无情地洪水冲淘得不见了踪影，良田变成了河道，乌兰计村张四圪堵社的夹心滩就是这样形成的，四面被河水围困，完全成了大河中四面楚歌的一座孤岛。

覆盖地球表面的植被，实际上就是大地的衣衫，穿着破衣烂衫的大地，实际上就是一个病恹恹的世界。生态的破坏，本身就是一把自刎剑，引发环境的恶化，而且难以逆转，生物也出现了意想不到的多样性。这是大自然对人类的报应和惩罚，天道有轮回，苍天负过谁？

在徐向东幼小的心灵里，他的父老乡亲没明没夜地苦干，付出和得到总是相差甚远，面黄肌瘦，骨瘦如柴，就像本地的谚语："西人"的苦白受一样。这个谚语的故事起源于抗战期间，移防守卫鄂尔多斯北大门的国民党马鸿宾部（因从内蒙古西边而来，当地人称之为"西人"），在黄河故道梁畔挖战壕、筑工事，准备居高临下抵御日寇，但因日军飞机作掩护，地面步兵乘车攻击，开挖的战壕等工事成了摆设，故有了"西人的苦白受"的歇后语。

年少的徐向东望着父老乡亲微薄的收入，与他的向往天差地别，深感也是"西人的苦白受"，不禁望天兴叹，如小虫在他的心上啃咬，有一种想放声大哭的不由自主，心隐隐有些发痛。

父辈们苦难的历史心传口授，一代代记录在人们的大脑里。他们的苦难如同滴血的伤口撒上了盐，走西口的流离失所，甚至家破人亡的案例，在徐向东幼小的心灵里播下了奋发图强的种子。

一门心思扑在黄土地上的人们，期望汗水浇灌的生命之树，开出鲜艳的花朵，结出丰硕的果实。然而命运似乎在和他们开着不大不小的玩笑，时有捉弄的成分。春耕、夏种、秋收、冬储的时光总在轮回，但人们的愿望轨道偏离，收获和期盼总是大相径庭，差之甚远。就这样，年少老成的徐向东，常常站在黄河岸畔，望着滚滚东去的滔滔河水，思绪良多，总也理不出头绪来，一首民歌《扳船调》从不远处飘了过来：

"南河岸南河岸，南河沿上一只船，南河沿上一只船。船帮船底镶楠木，珍珠玛瑙镶船沿。天上有一棵婆娑树，折上一枝做船桨，折上一枝做船桨。第二船渡过了女翠莲，我叫你上船你不上，推了今年推明年。有朝一日船开了，你想见面容易，走回难！"

这首凄楚、寒凉的《扳船调》，是从上游青海、甘肃、宁夏黄河畔上的艄公流传到乌兰计的，它唱出了旧社会扳船汉和村姑之间凄婉、苦乐搅和在一起的爱情故事，让乌兰计的船夫世代传唱了下来。这首苦难的民歌，从小便在徐向东的心灵里刻下了深深地烙印，始终让他刻骨铭心。

时间的镜头推回到新中国成立前，那时陆路上只有一条通往西域的驼道，匪患横行，道路险阻。门氏家族在乌兰计村张四圪堵社开发了渡口，曾经承担了走西口北上人流的重任，开辟为水路渡口码头，虽然不大，但黄河两岸往来自然顺畅了许多，从神木、府谷一带的北上移民，就是从这里走向了广袤、富足的大后套。他们的后人门二留柱和门三留柱兄弟俩，子承父业，在湍急的河流里顺流而下，经营船业，搞起了水路运输。门家从乌兰计河头将商贩的干草、蒲捆、苇莲、红柳与甘草、粮食、果蔬等农副产品装船，顺河水向东而下，曾诞生过"朝辞乌兰计黄河畔，日落停靠二里半"的民谣。而从陆路上走，运送同样的货物，七拐八绕，至少得行走三天以上。

新中国成立后，门家后人门板头，其弟门二板头，先后做船老大、当舵手，指挥七八个扳船汉，在流河季节乘风破浪，往返于乌兰计河头与包头二里半渡口。顺风时，扬帆起航，把握好航道方向，漂流而下。饿风时，众划桨手齐心协力，艰难划行。从包头返回乌兰计河头，常常要等待时日，招揽些商家的日杂百货装船，顶风行驶。如遇大风暴雨，船工要下水拉船。船身偏离中心航道，拴上两根纤绳，排成雁字阵，光着脚板，赤裸膀子，一步一叩头，汗流浃背，艰难行进。船工号子，在黄河畔上一声声响起，返程一次需四五天才能回到原地，所付出的辛劳，令人难以想象。

二十世纪六十年代，黄河两岸的人们频繁往来。乌兰计河头上的渡口，南来北往的买卖人，河东河西的亲戚朋友，都要在渡口上乘坐木船，往来于乌兰计和巴彦淖尔盟乌拉特前旗之间。一船可载十几个人，总载重量不超 1500 公斤。后门家的船归生产大队集体经营，先由复员军人赵志国掌舵，后由张成千和苏云等人扳船，渡一次河由每人收费三角钱，涨至一两元，随身携带物品免费。曾经一段时间方便了群众出行过河，增进了黄河两岸经济往来和人文交流。那些风摆浪打的岁月，乘坐木船过河的惊险刺激，给老辈们留下难以磨灭的记忆。而徐向东就是从他们的口传中，知道了那些不平凡的苍茫岁月。而后，随着徐向东渐趋长大，他也一次次游走于黄河两岸，对于渡船过河的事，他了如指掌如数家珍。

一次，徐向东和朋友们坐在一起闲聊的时候，谈起过去那些不堪回首的历史记忆，颇为感慨地戏谑道："如果我的曾祖父走西口时，只在乌兰计停留短暂时日，再向北迁徙，那么我的家族就是大河套的人了，我们年幼的时候就不会吃那么多苦了。"他的朋友则插话道："我家连你家也不如，我祖父从晋西北走西口，走到乌兰察布就懒得走了，结果那地方只能靠天吃饭，生活更苦不堪言，要是我的祖父再向西走上百十来公里就是呼和浩特，我的家族早就是大城市人了。"

　　两人笑得几乎掉下了眼泪，随之伸手击掌。

第二章　梦游少年　锦瑟华年

天真纯朴日出东，走出校门返乡村。
劳其筋骨砺其志，样样农活都精通。

自幼聪颖顽皮的徐向东，家庭拮据生活贫困，他常穿着破衣烂衫拖着饥饿的身子，满村子乱跑，东瞅瞅西看看，寻找充饥的食物。半生不熟酸得让人牙根子发软，牙齿酸软得连面条也咬不动的酸溜溜他吃过，苦涩的生沙枣他啃过，甚至生籽瓜、喂养牲畜的饲料他也吃过，给平庸而寡淡的味蕾增添了临时色彩的那些酸楚的过往至今记忆犹新。随着年龄的增长，徐向东长成了黑不溜秋的半大小子，他依然是村里一声喝到底的孩子王，生性喜欢自由的他，不是使棍弄棒喊天叫地，就是钻草堆捉迷藏，在整个村子里东游西荡，狼烟滚滚，翻墙、上树是常有的事。他一有闲空，不是上树掏鸟蛋，下河摸鱼，就是在黄河畔张望，让家里大人操心不已。父母每次外出，一再对他训诫，让他不要胡跑乱逛。他口头上答应了，但大人一旦离开，他便像出笼的鸟，在天空自由地翱翔。而他的父母，拿他一点办法也没有，软说不顶事，即使动粗也是一时的自我安慰。一次，徐向东在饲养院的房顶上掏鸟蛋，不慎摔落，手挂在了房檐的椽头子上，过路的两个人以为他被蛇咬住了，用力使劲往下拽他，他倒是被拽下来了，手背上的肉却被扯下一块。这哪是被什么蛇咬住了？原来是他在坠落过程中，一只手卡在了两条椽子中间，人被吊在了半空中。从此，他再也不敢爬墙上树掏鸟蛋了，那块疤痕不仅留在记忆里，现在还在他的手背上述说着曾经的过往。就是如此年少顽劣的向东，很少打架闹事，蛙叫地动，让别人家的大人找上门怒斥，但他也不是省油的灯，谁要是不听话扰乱玩耍对等秩序，胆敢打破以往应有的平静，很可能遭到一顿教育性的惩罚。

就因生在乌兰计长在乌兰计，乌兰计的土壤就是他人生的母土，灵魂的唤起，让他彻悟了世事的艰辛与无奈。他的内心一直与乌兰计交织在一起，犹如灵魂附体，他的人生经历无疑是乌兰计的缩影，也是中国贫困乡村的标签。是乌兰计滚动的荧屏，练就了他强壮的体魄和不服输的韧劲和个性。

由此可以说，一个人所处的地理环境不同，造就了他人生的格局也就不同，承受的苦难愈多，练就的内心就愈强大，走的路就更远，攀登的山峰就愈高，眺望也就更有层次感。

徐向东的父亲在大集体时，是乌兰计大队的拖拉机手，主要任务是春种秋收冬碾，在农闲时节就开着拖拉机，奔波在百里外的高头窑煤矿拉煤的路上。小时候的徐向东，他的父亲对他管教的较为严苛，一旦对他不满发起怒来，不仅对他怒斥，就是飞脚踹他也是寻常的事情。他自幼惧怕父亲的威严，父亲的形象就像影子一样尾随着他。但他的父亲一旦离开，生性顽劣的他，把对父亲的忌惮早已抛在脑后，在他独自创立的自由空间里翻江倒海、纵横驰骋。

时光如白驹过隙，转瞬即逝，眨眼间徐向东就渐渐长大。

1980年秋天，已经八岁的徐向东，到了该上学的年纪，他和他的同伴背着书包，迎着舒朗俊逸的秋风，踏上了求学之路。而此时的他，虽说年少，但比一般的孩子要成熟许多，苦难练就了他争强好胜的性格，他的力气要比同龄的孩子大很多，活泼好动的他，内心世界总是充满阳光。1980年还是大集体的乌兰计，还是以社为单位的集体核算，农民出工还是喇叭一声吼。沙梁地种植的糜子，遇到不太好的年景，遭受旱灾长势不好，仅有一尺多高，没有半点机械的年代，糜子个头低，用镰刀收割，弯腰蹶屁股够不着，只能弯着腰用手去掐。一天放学后，徐向东跑去农田找母亲，他看见平时省吃俭用的母亲，用单薄的身子承受着巨大的劳作，他心疼善良干练的母亲，就帮着她干起了农活，这块沙地糜子地头长的望不到边。在全村人的面前，从小肯吃苦，脸晒成黢黑的他，弯腰就干起了掐糜子的农活。结果让人不可思议的是，手脚敏捷的徐向东，在村人的目视下脱颖而出，干活干净利索，不长时间便跑在了最前头。那些久经沙场见过世面的大人们，望着向东远去的背影目瞪口呆，直夸他做营生厉害，是肯出力的好孩子，干活还不偷懒，将来必有大出息，是一个能过上好日子的农村人。

　　九岁时，徐向东帮母亲收割玉米。他在前面割，母亲在后面掰棒子。一个无愁少年，一株株高大挺拔的玉米秆，在他镰刀的挥舞之间，咔嚓咔嚓一排排倒下了，割得干净利落，茬子齐整如刮子刮过一般。一亩多的玉米植株，在他挥汗如雨中，用了不到三个小时，就全部割倒，而且整整齐齐地排列成行。正值壮年的徐母，被他远远甩在了后面，她望着自己心爱的宝贝儿子，欣慰地笑了，笑得眉宇间像开了花。到了地顶头，懂事的向东不是坐下歇息，而是又折返回来帮着母亲掰玉米棒子。村邻们看他干活干净利落，直夸他将来作甚也不简单，能吃苦耐劳，又有雄心壮志，定能有所成就。

　　这就是土里刨食朴素的农民，夸奖人常与土地的劳作有关。

　　1981年，乌兰计村全面实行土地承包责任制，土地分配到单家独户，这是一次农村经济、社会生活中的大事件，也是一次全新的大变革，人们的思想空前解放，胸中无形的枷锁彻底卸下了，徐向东成了家里的强劳力，每天一放学就帮助父母亲干农活，他虽年少但已是一把干活的好手，来而生风去而匆匆，家里所有的农活他都拿得起放得下，俨然是一位小主人，里里外外收拾得妥妥当当。

作为个体生命的人类来到这个世界，每一个人都肩负着使命而来，那一声声啼哭抑或是呼叫，就是郑重地向这个世界宣告他的存在。因接受的任务不同，使命和担当就有所不同，因而就有了各种不同的职业。或许是命里注定，或许是精诚所至的原因，徐向东自小就有无师自通的商业头脑。他的祖辈都是敬畏土地为神灵的庄稼汉，从土地里寻觅收获是他们唯一夙愿，别无他求，而他是一个例外。

　　徐向东仿佛为商业而生，满脑子都在移动着商机的棋子，血管里似乎流淌着的不是血液，而是千变万化的商业信息。土地是他的根基和翅膀，他要就此起飞，或许前世就与商业结下了不解之缘，上天着意安排他为商业而降生，赐予他一个商人的头脑。从上学时起，徐向东就喜欢鼓捣与买卖有关的事情，让他在人世间寻找意外与商机，他不论走到什么地方，首先要去观摩的地方就是市场，喜欢观测和打问市场行情，回家就在大脑里过滤对比，两相对照一目了然，商机如神灵一般踏马而来，内心波澜起伏蠢蠢欲动，这与他的年龄有着强烈的反差。在读小学二年级时，那时才九岁的他，在深秋浓郁瓜果飘香时，他就在思谋着能卖点什么东西赚些小钱，让自己有更多支配权的选择。放学回家吃了饭，徐向东一个人独自游走在渠塄堰畔、大路小道上，尽情享受大自然释放出的浓香时光。他走着走着，看到了干渠两侧的沙枣树，熟透了的沙枣密密麻麻爬满了枝头，散发着一波又一波馋人的味道，他猛然停住了脚步，抬头仰望着沙枣树出神。那些褐白相间指头般的沙枣与个小黑又亮的沙枣，密密麻麻地挂在树上，让人垂涎欲滴。他爬上沙枣树折了几枝挂满果实的果枝，坐在地上饱餐一顿之后，又采摘了满满两裤兜沙枣，迈着八字步子晃悠悠地向村里走去。路上巧遇一个同学，他掏出沙枣让其品尝，那一把鲜美的沙枣，让那个同学吃得不亦乐乎，吃罢还不过瘾，又问他要了一把，吃得解饿又解馋，满口答应以后陪他一块去打沙枣，这个同龄人成了第一个受他指挥打沙枣的铁杆弟兄。

地处黄河南岸的乌兰计村五个生产队中，只有一、二队属于沙土地，适宜沙枣树生长，其他地方属于黄河冲积平原，土质属于黏土，不适合沙枣的生长环境，这就给他以物易物留下了天然的空间。从第二天开始，那些喜欢听他出主意，四散奔波寻求乐趣的孩子们，放了学就乐颠乐颠地跟在他的屁股后，一溜烟跟着他进入沙枣林里打沙枣。他则双手握着树干攀援而上，像精灵的猴子一样爬上了沙枣树，趴在树上吃个大快朵颐，然后组织同学采摘沙枣，四五个孩子一个下午就能采摘满满一塑料编织袋子沙枣，足有二十多斤，然后他们像小鸟归巢一样蹦蹦跳跳回了家。

那些跟着徐向东打沙枣的同伴，与他打沙枣只不过是玩耍逗乐，度过一个下午欢乐时光，也没有想过太多的事情。而徐向东思想和行动上，和他们完全不在一个频道上，他在考虑着这些果实似乎能赚点钱，或者以物易物换点冰棒之类的物品解一解馋，那些可望而不可即的好食物，没有钱买，心底难熬，就是品尝一下也是不容易的事。

自己想办的事，徐向东便毫不犹豫地付诸行动。早上去学校上学时，徐向东肩扛装满沙枣的袋子，怀揣满腹心事，径直去了学校，准备卖给他的同学，哪怕换几个鸡蛋也算一次成功，自己的辛劳也就没有枉费。到了学校，徐向东担心老师发现后予以没收，心血付诸东流，他就把沙枣悄然藏匿于桌子底下。那个严肃而不苟言笑名叫丁楞的班主任老师，常让他心惊胆战，老是和自己过意不去似的，一对铜铃般的大眼睛，始终注视着他，专找他的小辫子，他不敢有丝毫的放松警惕。那时人们的生活十分困难，家徒四壁，穷得可怜，学校不准学生带干粮吃零食，就是沙枣、瓜子一类的也不允许。那时，生产队产下的细粮大部分交了公粮，产粮少的地方，细粮交完公粮后就所剩无几，只有再吃返销的粗粮。况且大多数人家连正餐也解决不好，哪还有零食可拿？聪明的向东到校后，悄然把沙枣存放在桌子底下，躲过了丁老师的检查，让他一时兴奋不已。徐向东在下课休息间隙，拿出沙枣在校园里兜售，一碗沙枣卖五分钱，他再用卖沙枣的钱买成冰棒，再犒劳那些和他打沙枣的同伴。

奖赏之下必有随从，他的手下居然达到八九个人，有福同享，有冰棒共吃，让他和同伴们乐不可支，吃了个痛快。尽管已是多年前的往事，但冰棒那种甘甜、清润的滋味至今回味起来也是口中生津，花枝乱颤，热血沸腾，让徐向东津津乐道难以忘怀。

没有爬不过的山，也没有过不去的坎，青云不及白云高。在徐向东的精心操作下，一些超出常人想象的招数相继出笼，他成了乌兰计村同龄孩子的总指挥，一些调皮生事的孩子也围在他的身边，听从他的摆布，打架斗殴的事很少出现。特别是受到欺负和凌辱的同学，常爱向他倾诉心中的不快，他则一马当先过问此事，一顿训斥之后，重蹈覆辙的事就再也没有发生。

同学们没钱买沙枣，他就用以物易物的方式处理沙枣，拿他的沙枣换取同学的鸡蛋，先把沙枣赊给同学，等同学从家里拿出鸡蛋，还了旧账，他用鸡蛋再换成雪糕或用沙枣换成雪糕，分享给他的同伴。这样一来，徐向东的号召力越来越强，时有同伴把捡到的鸡蛋也交给他，有的甚至把家里的鸡蛋偷上交给徐向东，他用鸡蛋换成雪糕和他的小伙伴们共同分享，同学们更加信任他，让他乐此不疲。

第三章　商海试水　劈波斩浪

商海茫茫踏歌行，独闯天下好儿郎。

自古英雄出少年，脚踩荆棘走四方。

　　就这样，时间像飞一样一闪而过，不知不觉拉响了少年的尾声。从初中开始，他的心胸中始终有一颗种子在萌动，独闯天下煮酒论英雄的恢宏，在他的大脑中波澜起伏，狂风暴雨浪遏飞舟般激扬，已有年少历练积聚的能量，随时做好了释放能量的储备，已等待了许久。他夜半常常突兀地醒来，无名地想出去漫游和闯荡，不知如何抚慰自己，黄河的波涛总在他的胸中一浪高过一浪地涌动着，一粒责任驱使下不安分的种子，在他的心中开始萌动。

　　初中一年级假期，已经十五岁的徐向东，在中和西做过一次考察，这个乡镇的街头巷尾不仅留下了他一次次走过的匆忙脚步，还留下了他睿智驻足的目光。他意外地发现，这个上万人口的乡镇，人们没有种植蔬菜销售的习惯，只是边角地头零星种一些蔬菜，满足自我生活所需，谁家举办红白宴席都得自己前往外地采购。他觉得这是一种商机，想从中试水，外出贩回一些蔬菜回来销售，既解决了群众对蔬菜的需求，自己也能挣一些钱，锻炼自己比什么都重要。主意打定后，他信心满满地告诉父母："这个暑假我不在家里待了，你们也知道我也闲不住，我想出去闯闯，看看卖菜怎么样？这种买卖与人合作还不如一个人干，我准备自己去试试。"他的这一大胆决定，让父母也不可思议，他们顿时瞪大了眼睛，一时连话也说不上来。他们知道，向东这孩子准备干的事，一言九鼎，几匹马也拉不回来，但也担心让他一个人出去有风险。一向开朗的父亲，带着商议的口吻问道："向东，你还小了，出门在外我们也不放心，那些街上的二流子啥事也敢做，拦路抢劫或明火执仗向你要钱，或遭他人的白眼儿，难道你不怕？"向东拍了拍胸脯，慷慨激昂地说："怕甚了，我的身板硬着呢，我也不是吃素的，关键时刻我还会出招应对他们。"

就这样，父母抱着试试看的心理，同意了他的请求，并给了他一百元的本钱，让他出去闯荡。

第二天，当太阳刚刚露出了头，向东揣着母亲给他的一百元钱，骑着一辆破旧自行车，一个人单枪匹马就出发了。他骑着除了铃铛不响什么都响的自行车，从乌兰计村北的张四圪堵渡口过了黄河，他使劲猛蹬，向东北方向一路骑行，六十里的黄土路程，他风一样行走在追梦路上，经过三个小时的奔波，他就到了目的地哈拉汗镇。

哈拉汗镇是阴山山脉乌拉山脚下的一个小镇，虽小却是一个四通八达的重镇，它是包兰铁路的火车停靠站，110国道必经地。它东临中等城市包头，白彦花西端，西靠乌拉特前旗，是一个贸易集市，那里市场繁荣，商机独特，尤以种植大棚蔬菜而闻名遐迩。它东北端的大桦背，是乌拉山的制高点，山峰挺拔险峻，登临其境，犹如进入云山雾海之中，历来是游人向往的好去处。因此，哈拉汗自然成了人流密集，商机无限的大市场。

徐向东早晨起身外出进货，午后就返了回来，下午再出去销售，当天进的货，当天售出，时间安排得紧凑而有序，如就地采摘不失翠绿清新。自幼体格健硕的徐向东，下午卖菜脚蹬自行车疾步如飞，有时在乡政府驻地的街上兜售，有时又骑着自行车满村乱跑，太阳落山时两袋子蔬菜就全部售罄，一天能纯赚二十元。当时刚参加工作的人一月的工资才四十元左右，两相对比，这么高的收入让他心中窃喜，信心倍增，似乎有种人生即将发达的滋味涌向了胸口。

　　第一次贩卖蔬菜，奔波一天的里程就达一百多公里，虽说年轻力壮，但也着实让他太累了。晚饭后倒头便睡，一觉醒来便是大天明。徐向东的精力也着实太旺盛了，第二天爬起来体力又恢复如初，又是一条好汉，骑着他的猛蹬"125"又是一路狂奔。每天如此往返，让他乐此不疲。一个月下来，从乌兰计到哈拉汗的黄土路上，竟然在来回一百余里坑坑洼洼颠簸的路上奔波了二十多趟，他的身体更壮实了，更加充满了生机和活力。

　　这个时候，每天的晨起日落，徐向东的脑子像陀螺一样转着，始终在拧紧的发条上运转。就是这样，徐向东把做买卖视作信仰一样虔诚，把一颗真诚的心，安放在他瞄准的事业上。有人说，他是为商业而生，他则笑而不答，总在默默地谋划着下一个计划的出台和实施。徐向东具有独立的人格魅力，独来独往中总是在出其不意中有了新的构想。

　　季节的节奏转换，蓦然已进入深秋，冬天的脚步声即将来临，徐向东又在思谋再搞一些什么新的名堂。夏天贩卖蔬菜是最好的时机，冬天骑自行车贩卖蔬菜冷寒受冻行不通，那么深秋或冬天又干些什么呢？放学后，他的身影又现身于中和西大街上，关注和寻找新的商机。此时的徐向东，策马扬鞭自奋蹄，一发而不可收，已经难以刹车，没有半点停下来的理由。他只要一门心思琢磨一件事情，肯定会产生意外和惊喜。经过一番细致地考察，徐向东发现街上七八家商店已开始销售火炉筒子，这是农村人冬天须臾不能离开的物件，旧筒新换或重新安装，销售量可观，必有甜头可尝。他便以准备购买火炉筒子为名，摸清了最低销售价格。深秋季节的周末，他踏着金色的秋景，又穿行在中和西到树林召的土路上，他坐上班车一路颠簸，当天配好货，第二天早上坐上驶往中和西的班车，下午四点左右就返回了中和西。徐向东一次批发五十节火炉筒子，他把价格算得一清二楚，每节进价 7.5 元，运费 0.5 元，成本价 8

元，供销社零售价 12 元，他卖价为 10 元，每节收入 2 元，一次竟然可以挣到 100 元。

徐向东贩卖火炉筒子，不是盲目随从，而是有的放矢，他提前与客户预定，并送货上门，令当地社员十分欢喜，都在等待他的火炉筒子的到来，晚个三天五天无所谓，物美价廉服务到家是他取胜的根本，这让还不到二十岁的他喜出望外，中和西火炉筒子的市场被一个年纪轻轻的小伙子花魁独占。

有些事情能够成功，努力最为重要，心诚则灵，唯德感天。

徐向东是一个怀揣梦想就能止饿，跋涉路上不知疲倦的人。在中和西读了三年初中的闲暇时光，他没有停止过逐梦的脚步，黄河南北两岸黄尘滚滚的土路上，时常能从风尘中看见他快疾如风的身影。每年夏季，只要一得闲空，他就骑上破旧的自行车风风火火出发了，在巴彦淖尔的公庙子、哈拉汗、白彦花的街上到处乱跑，慢慢寻找商机。二十世纪的八十年代，单独出门在外本身就有风险，农村社会治安还存在盲点，一些社会上的混混横行霸道，对出门在外无依无靠的人，常下狠手，导致生意挫败。胆大心细的徐向东，尽管不去招惹是非，但常有恶棍故意找茬，他则唯恐躲之不及。有些不怀好意的街痞子，故意走到他面前试探性地问他："小后生（读森），你（读捏）是哪里人"时，他警觉地没有回话，黄河北岸乌拉特人的口音与黄河南岸人的口音区别很大，听口音就能辨别出是哪个地方的人，他怕受到欺侮而吃亏，当没有听见一样，不理不睬地快捷离开了。经过几次如此三番的讯问，他发现光躲避也不是应对的办法，他就开始寻找对策，以防万一。此时的徐向东忽然想起他的姑姑一家就住在乌拉特前旗，他灵机一动就有了应对措施。一日，一个五大三粗的家伙，带着一身酒气，两手叉着腰，对他声嘶力竭地喝道："小后生（森），你（捏）是什（色）么地方的人？"此时，早有准备的他，学着当地人的口音麻利地回答道："我是巴盟前旗先锋乡红旗大队改改墒的。"他天衣无缝地回答，让那个对他存有不恭的人，一下子打消了念头，就是那些欺邻霸户的小混混，听了他的回答也会打打定心，重新做出判断。他这样回答的原因，就是怕人家小瞧他，防止有些街痞子故意找茬挑起事端。他应对自如地回答，既威震一时，也保护了自己。况且那些人看看他的块头，也不是省油的灯，一般人也是不敢轻易动粗的，他冒充家乡的那个地方虽不是他的家乡，但那里是他姑父和姑姑家所在地，那里是他最为熟悉的地方。改改墒虽不名扬四方，但那里有几个横行乡里的痞子，时常打架斗殴横行霸道，让过路人头疼不已，甚至闻风丧胆两腿发颤。而年少的徐向东，在"改改墒"的外包装下，名声大振，在乌拉山脚下的几个镇上如履平地，时常能看到他匆忙的身影，再也没有人在他身上打什么歪主意。

有一天，徐向东把采购的蔬菜打包好后，他站在哈拉汗的大街上，天空阴郁而低沉，空中的云彩在微风中慢慢移动，徐向东累了，停下了负载沉重的自行车，擦了一把汗，抬眼望了望天空，似乎有下雨的迹象。他心想，再不能迟疑了，赶快往回返吧，说不定路上就会下雨。他骑上自己的"座驾"一路狂奔，走了大约一半的路程，淅淅沥沥的小雨，让他感觉十分舒爽而凉快。在小雨中前行了一里多地，云层愈来愈厚，似如黑云压城，让人的呼吸也有些缺氧的感觉，忽然几声炸雷响起，暴雨倾盆而来。他什么也顾不了了，使劲加大马力冒雨一路骑行到张四圪堵渡口。

这时，徐向东傻眼了，他看见那条停泊在南岸的小船，抛了锚在河里晃悠着，看样子船工早已撤离回家。

张四圪堵渡口两岸河床土质绵软，码头不固定随时换位。因此，渡口多年来连一个挡风避雨防晒的简易茅庵也没有，船工看见天色不对，在大雨即将来临之际，只能一路急速回家避雨。

此时，劈头盖脸的倾盆大雨，像一个漏斗一样从徐向东的头顶上飞流直下，暴风骤雨打得他连眼也睁不开，整个人如同一只落汤鸡，在风雨中孤独无助。离他不远处的一棵大树上，有两只乌鸦在雨水的拍打下，发出凄厉的尖叫声，随后一声炸雷响起，划过一道闪电，乌鸦也停止了尖叫。

此处没有房屋，连一处遮风挡雨的茅庵也没有，船工张成千和苏云，没有通信工具，徐向东只能大声向南岸喊叫，也无济于事，没有回音，喊叫声显得凄厉无助。在这样的境况下，徐向东的薄衣单衫被雨水冲洗，坐也不是，站也不是，浑身瑟瑟发抖，上下牙床直打磕，震动得牙床酸软。他浑身绞痛般难受，空空下陷的腹腔紧贴着肠胃，那种又饿又冷又雨淋的滋味，让一个向来坚强的徐向东，也只有凭着毅力强撑着，倘若一个韧劲和拼劲稍显迟缓的人，可能连命都难保。

徐向东圪蹴在地上，地上也水流成河，他双手合十念叨道："我的老天爷啊，你快让雨停停吧！"此时的他，不管怎么呼叫，都没有回应，真是叫天天不应，叫地地不灵，雨不但不停，反而大了起来。驮着一袋子圆菜和一袋子青椒的自行车也被雨水冲倒了，袋子上形成了一股股径流。他把圆菜包卸下，双手托起顶在头上权作避雨。前不着村后不着店的他，一股忧伤向他袭来。这个时候，他才真正领略了老师教过的："苦其心志，劳其筋骨，饿其体肤，空乏其身，行拂乱其所为，所以动心忍性，曾益其所不能。"他强忍忧伤，感觉自己也是一个历尽苦难之人，他抿了抿嘴唇，咽下了带着汗液的雨水，苦笑了一声，自我戏谑道："这是不是天将降大任于斯人也？"这时他才真正懂得了人生不仅有"阳光、沙滩"的美妙，还有"仙人掌"刺人的无奈。

这场突如其来的暴雨，一直下到下午五点钟才总算停歇，太阳也懒洋洋地露出了脸。徐向东把湿透了的衣裳脱下来，把水拧干，搭在了自行车的车把上，等待船工的到来。而地处黄河岸畔的乌兰计，一下雨道路泥泞无法行走，只有太阳的强光把地皮晒干，人车才能畅通。徐向东一个人在苦闷彷徨中，一直等到太阳快落山时，船工张成千和苏云才晃悠悠地来到渡口。

历史证明，一个成大业者都会受到磨难的历练，曲曲折折走下来，甚至刀架在脖子上的事也会发生，从来没有例外。有的人半路脱逃，被历史抛弃或遗忘。只有少数人咬紧牙关挺直腰杆坚持下来，最后在某一个高地得到掌声和鲜花的陪伴。而徐向东就是只要阵地在，人就在，坚守到最后的那个人。

一次，徐向东骑着自行车驮着菜，从哈拉汗出来，骑行了二十多里的路程，正春风得意一路顺风地行走着，忽然自行车轮胎扎上了一颗钉子，车胎瞬间瘪了。此时路程走了还不到一半，前不着村后不着店，既无村庄也无人烟，更没有修理自行车的摊点，返也返不回去了。他坐在路旁休息了一会儿，等待奇迹的出现，如果巧遇一辆过路的四轮车，他搭乘一段路程，是最好不过的事情。他坐等了半个小时也不见人的踪影，更没有开车的经过，让他大失所望。他只好强行推着没有气的自行车往前走，就是推着空车也使人受不了，而他则是推着负重上百斤的蔬菜往前走，难度可想而知。这是徐向东人生的第一回，恐怕百人榜也难找到第二人。这一遭际遇，让他吃尽了苦头，大汗淋漓，孤助无援。由于出汗过多，让他严重缺水，几乎到了脱水的地步，口干舌燥就想喝水，他把自行车停在路上，径直走到干渠边上，蹲在地上，双手掬成槽状舀水喝，补足了水他继续前行。由于没有准备出现意外的预案，身上一点食物也没有带，消耗体力过大，中午面包加白开水的肠胃，早已一贫如洗，使他实在饿得支撑不住了。每走一段路程，他还得停下休息一会儿，释放疲劳补充体力，再补充水分。不吃饭就喝水，空乏无食的胃子里的水，随着人的走动，哗啦啦地响动着，肠胃摇晃得还有些疼痛，他不得不停下脚步歇一会儿，然后再次前行。

在将近三十里的旅途中，他踽踽独行走了七个多小时，才艰难地来到了张四圪堵渡口，浑身散了架般腰酸腿困，死灵魂一样瘫倒在地，不得动弹。他躺在船上，休息了足有半个钟头才总算缓过劲来，用船家的备用胶水把轮胎的窟窿补上，才骑着车晃晃悠悠回到了家里。

这次行程，让他承受了许多意想不到的艰难，使他真正懂得了人生的不易，只有在历久弥坚淬火中锻造，才能健康成长。每贩一回蔬菜，区区一百元的成本，能有二十至三十元不等的纯收入，让他兴奋，让他成长。尽管他挑起的是与年龄不相称的承载，但从他的心灵深处是一次净化和洗涤。这些辛勤的劳作，尽管让徐向东累得好似活剥一张皮，但满满的收获，让他痛并快乐着。一觉醒来，那些昨天的艰难、困苦，早已忘得一干二净，他整整行囊再一次踏上了征程。

三年的初中历程倏然而过，虽收获了自信与满足，但在学业专攻的路上顾此失彼，形成了落差。1987年，徐向东十七岁时，他初中毕业参加了中考，他没有报考高中，直接报考了中专。中专毕业直接安排工作，对于一个农家子弟是一条捷径，可以说翻身上马就开始了人生的驰骋。结果当年名落孙山，令人失望，一江春水全然付诸东流，让他痛心不已。

1987年，徐向东（前右）与初中同学合影

这时的他，经过一场内心的自我搏斗，终于慢慢沉静了下来。面对现实，他想了很久很久，他觉得自己可能不是读书的料，毅然决定放弃读书的梦想，那里不是他的强项，他想早早步入社会，和他热爱的土地，做无缝链接。他觉得应该像他的父辈，亲近土地方有人生一样，生儿育女，苦尽甘来。与他的父辈相比，他已经算是喝了点墨水的文

化人。然后，瞅准时机再干点什么，或许还能开辟出人生的新天地。

"上帝是公平的，他在关闭一扇门的同时，也打开了另一扇窗。"这句名言让徐向东记忆深刻，在他读初一时，他的老师就不止一次讲过，而且一而再再而三地讲。而此时的他深有感悟地觉得，上帝为自己打开一扇门的时候，肯定会关闭另一扇窗，鱼和熊掌不可兼得，这是历史的定律。

在学校课堂上，善学者一门心思埋头苦读就会学有所成，而徐向东把传统的一面逆袭为神奇。他在另一领域的成功，无疑是叛逆滋养的结果。有志者事竟成，大概就是这样的诠释。

把面子看得比金钱和生命都重要的徐向东的父亲，他郁结在心头的痛只有自己知道。经过半个月苦闷酸楚的煎熬，他总算缓过神来。他坐不住了，和向东面对面，把他的想法坦然地说了出来，或许更好些。关于未来，关于向东的人生道路，学艺也好，从商也罢，父亲都提出了具体的路线与规划，他对这个精明能干、聪明伶俐、体魄壮实的儿子充满信心，他吃苦耐劳的精神难能可贵，是一般同龄人最缺失的一种内在力量。徐氏家族的人，不论在什么地方，还是做何种职业，都是响当当的。作为徐氏家族的遗传基因，站在人群中还是处于中等偏上，包括自己的儿子向东也是聪明有余，就看开了哪一窍。他还不想放弃一个农村娃跳出龙门的耕读之路，他想把自己没有实现的愿望，寄托在儿子的身上，让他去攀登那座家族夙愿的高峰。说不定再复读一年，机会的大门猛然洞开，向东一步跨了进去也是有可能的事。向东在父亲的劝说下，经过再三比对和思考，他的心思终于和父亲合了拍，轻装上阵，或许再搏一把，在独木桥上走一回，还有芝麻开门的可能。这一次，向东离开了家乡中和西，来到达拉特旗的中心树林召再进行一次豪赌。这一年，向东确实听从了父亲的话，他在达旗第五中学参加了补习，这一年就像他做买卖一样拼了，拼得精疲力竭，拼得身子小了一圈。一年的付出，超过了他初中三年付出的总和，但命运往往捉弄人，有心栽花就是花不开，甚至连花蕾也没有看到，希望像苍天一般渺茫，第二年的中考决战中，他再一次败北，让他有种无颜见江东父老的羞愧，他垂头丧气地回到了生他养他的乌兰计。

生他养他成长他的乌兰计，非但没有抛弃他，而是敞开博大宽厚的胸膛接纳了他。在这里，让他的心才找到了归属感，作为母地的乌兰计，就是他展翅的地方，每一次起飞都得从这里开始。即使飞得不高或不够闪亮，还能落下来再次起飞。

父亲看着这个寄托着家族希望的儿子，凝视了好久，这个黑不溜秋虎背熊腰的儿子，把他的心火彻底浇灭了，他的心已被撕成了碎片，隐隐有些绞痛，他无可奈何地说道："哎！人家是望子成龙了，我是望子成了蛇鼠子（蜥蜴）了。"父亲扔下这句不满的话，蒙着被子睡了好长时间，不知他究竟什么时候才缓过神来，只有父亲自己知道。

这一年秋天开学时，向来恨铁不成钢的父亲徐耀先，心肠似乎柔软了许多，他三个孩子中唯一的儿子，在高考完后的两个月中，拔丝挣命干了不少的农活，人憔悴了好多，他特别感到心疼。一天晚间，父亲徐

1988 年，收绒毛

耀先走到向东的跟前，声音超低地悄声问他："东子，今年怎么办？"向东看了父亲一眼，看到了父亲同情和怜悯的目光，如芒刺背，他一下子读懂了父亲的目光，他向父亲发出了想也没敢想的铿锵之音："爸，让儿子再拼一次吧，我绝不服输，在哪里跌倒就要从哪里爬起。"这一次他走进了达旗进修学校补习班。经过又一年挠头赤脚铁杵磨针，但分数公布出来后，又一次让他对自己彻底失望了。

第四章　外出打工　恍如隔梦

种地务农路渺茫，心存抱负必自强。
外出打工谋生路，愈挫愈勇志昂扬。

一觉醒来的徐向东的父亲，又有了新的打算：看来向东靠读书跳出农门这条路，被现实残酷无情地堵死了，父母该付出的已全部付出了，儿子也筋疲力尽无能为力了。徐父又开始走第二步棋，准备盖房子给儿子娶媳妇，然后让向东生儿育女，过一个面朝黄土背朝天祖辈延续下来的农家生活。而他则可以享受含饴弄孙之乐，这是天底下父母天经地义的责任。这一步棋没得商量，这是一个农村人身上肩负的一份担子，无须质疑。在徐父看来，如果父母不能为儿子娶过媳妇，传宗接代光宗耀祖，那就是人生最大的屈辱和失败，会受到远亲近邻的耻笑，让自己一生也抬不起头来，甚至死去也闭不上眼睛。

父亲在没有和向东做任何沟通的情况下，擅自主张从乌拉山拉回了盖房做基础的石头，准备随时请人做好基础，然后盖一处当地正时兴的楼板房。向东知道后，他非但不感激父亲，反而有些不满和失落。他对父亲说："你这是着急甚了？我的人生之路八字还没有一撇呢，我准备先立业再成家，况且我还小了哇，现在想这些还为时尚早。"

徐向东的思想和父亲完全不合辙，是两条线上跑的车，道不同则不相为谋。此时的向东可谓谋心不浅，在他想来，世间许多事心诚则灵，心不诚则废，他眼光的触角已不在本地，而是要伸到更加高远的地方。

他胸中始终有一团出去闯荡的焰火，在年幼的时候就开始燃起，只不过那时是或明或暗，而现在的这团火则越燃越旺。这一团燃烧的火就是出去摸爬滚打闯世界，把自己的人生理想化作梦中的蝴蝶。他觉得自己的人生定位，要比父亲给他描绘的蓝图要宏伟壮观得多。在向东的印象中，广州、深圳是中国改革开放的最前沿，机遇与商机并存，是淘金最好的地方，那里遍地洒满机遇，全国各地身怀抱负者纷纷涌向那里，那块充满朝气和活力的淘金地，是许多人梦寐以求的地方。

这个充满传奇和梦想的地方，让徐向东夜思昼想，也让他蠢蠢欲动，那里的世界充满精彩与传奇，充满魔力和幻影。他觉得自己有的是气力、智慧和胆量，只要自己沉下心准备干的事情，绝不会差到哪里去，实在不行就是做一名装卸工也会干得比别人更加出色，肯定是智勇双全的优秀者。退一步讲就是出去讨饭，也肯定是一个出类拔萃的乞讨者。

去广州、深圳不是谁想去就能去的地方，最起码也得有足够的路费盘缠，否则就是天方夜谭。坐飞机去绝无可能，坐着火车去最好，实在不行就是坐着班车也行。他其实什么准备也没有，就是依靠他贩卖蔬菜和火炉筒子的经验，以不变应万变或在变化中寻找商机，就是此时最简单的想法。他是一个孝顺的孩子，平时做买卖小打小闹所挣的钱，全部交给了他的母亲，就是父亲准备给他盖婚房的钱，有一部分也是他挣来的。到现在正准备用钱的时候，他却身无分文，暂时还无法成行。他认为父母为他操尽了心血，他的点滴成就是对父母恩情的报答。外出这件事他对谁也不能说，在乌兰计这个弹丸之地，谁家有个风吹草动便满城风雨，他的宏图大略将会成为泡影，一腔热血就会付诸东流。

徐向东想，只要心有憧憬，目标必可达。他决心要出去闯荡，任何人都无法阻拦。他开始筹措南下闯荡的路费，他的手里分文没有，出去借钱也行不通，那会暴露他的真实意图，只能在家里想办法。母亲手里没有钱，父亲是司机出身，他既开拖拉机也开链轨车，手里常有一些零花钱。而父亲对钱管理得很严，没有紧要事，他是不会轻易拿出来。更要命的是，父亲的钱从来不肯放在家里，而是随身携带着一个钱包，习惯性地挂在裤带上。要想打开钱包，必须按动钱包的按钮，按钮开关弹起时必咔嚓响一声，容易暴露目标。一天晚上，向东趁父亲熟睡之机，他把父亲的钱包偷偷摸到被子里，小心翼翼地按着钱包的开关，他在打开钱包的一瞬间，钱包卡扣咔嚓响了，父亲从睡梦中惊醒，看见钱包在儿子的手中，他愤怒地从向东手中夺过钱包，伸出脚就把他踹了几脚，并痛骂了一顿。父亲误以为他拿上钱出去赌博，村里有几个无所事事的人，常爱玩弄一些阴招，转瞬间把别人的钱据为己有，徐父最为厌恶这几个赌性成瘾，不干正事的人。让徐父想也不敢想象，这个让他费尽心机的儿子，正在筹划着外出闯荡，去国家开放的最前沿浪里淘金。

南下的计划是徐向东抹不去的心结，第一次从父亲钱包里拿钱的计划失败后，他在想着第二招，并加快了实施步伐。一日晚间，向东的机缘终于来了，徐父和朋友聚会喝得酩酊大醉，鼾声如雷。徐向东暗暗窃喜：天助我也。他偷偷打开父亲的钱包摸出二十元钱，悄然把钱包复归原样，神不知鬼不觉就完成了一次高难度动作。他大气不敢出一声，对父亲的威严从内心有种畏惧，他悄悄地撩起毛毡压在底下，上面铺上油布，随时可以拿出来，悄然就离开乌兰计，踏上走向前景光明的征程。

这次和父亲斗智斗勇的拉锯战，徐向东蓄谋已久准备充分，没有留下丝毫破绽，徐向东自我感觉良好，似乎占了上风。如果拿的多了，肯定会被父亲发觉，出去闯荡的事就会泡汤。这一夜，他不声不响悄然入睡，睡了一个好觉，一觉就睡到太阳露出了鱼肚白，他才带着笑意从梦中醒来。

一切都在按照向东的计划，顺理成章地进行。一天，父亲外出，向东感觉时机已经成熟，他草拟了一封家书，写得豪情满怀，写得热血澎湃，他把多年积聚的文采满面春风地付之于纸上。他准备外出闯荡，请家里人放心，不要找他，要耐心等待。他要用他的决心和毅力打拼出一片天地，报答父母的养育之恩，就是大海捞针也要捞出一个结果来，不获全胜决不收兵。结尾处写下了他的壮志情怀："男儿立志出乡关，事业不成誓不还。埋头苦干淘金地，世外桃源有金山。"他把信写好之后，压在炕楞边油布底下原来放钱的那个地方，毅然决然向北走去。他步行到离家三四里地的乌兰计黄河防洪堤上，回头望了望被绿色掩映的村庄，他看见袅袅炊烟正从乌兰计升起，口中念念有词："再见了，我的乌兰计，你让我幸福，也使我痛苦，将来我创业成功了，我一定会报答你的大恩大德。"然后头也不回向渡口走去。

他坐船过了黄河，一路疾步向公庙子火车站走去，准备乘火车去广州。这条路还没有开通班车，只能步行着走，别无他法。他从上午九点出发，直到晚上七点才走到火车站，八十里的路程让他走了十个小时。

在公庙子火车站候车厅，他到售票窗口购买去往广州的火车票，结果票价是八十元，而他手里只有区区二十元，与票价相差千里。买不上火车票也要去广州，去意已决的他，男子汉说话一言九鼎，绝不食言，骨头宁折不弯，用行动改变命运，是他的不二选择。他偷偷从车站旁的围墙翻墙进入铁道，混在人群中爬上了绿皮火车，趁人不注意躲藏进了厕所，把厕所门从里面反锁，尽管臭气熏天，但我自岿然不动。他在厕所里躲藏了几个小时后，火车停在了包头火车站，乘务员打开厕所，进行例行清理卫生，才发现他是逃票坐车。那个气壮如牛的乘务员，眼瞪得如铜铃一般，把他狠狠地训斥了一顿，他再三解释也无济于事，把他强行赶下了火车，否则报警让警察处置。

徐向东满脸沮丧地下了火车，饥饿加之空乏让他浑身酸软。此时的他，就像一个穷困潦倒流落街头的游民，哪里是他的家？何处是乡关已显得无关紧要。他的理想严重受阻，但他绝不认输，自己决定的事情，就是爬着也要走完。

他在东河火车站附近的大街上游荡，东瞅瞅西逛逛，看有什么适合自己干的事情，就是找到站桥头等活的地方也行。当他走到一处广告橱窗处，让他眼睛瞬间亮了，那里张贴着一则广告，招收筛沙子民工，管吃管住计件工资。此时，去广州闯荡的火焰还没有熄灭的徐向东，思忖了片刻，就打定主意去干这桩既脏又累的活，挣够了路费再度南下。

　　徐向东按照广告所说的地址，独自一人步行走了三个小时才走到了筛沙子的地方，这个地方在包头郊区二道沙河的河槽里。有些事情让人不可理喻，有的甚至梦也梦不见的事，居然在现实中发生了。在二道沙河绵延数里的筛沙场，他竟然和自己的两个亲姑舅不期而遇，他二姑的两个儿子也在这里承受着年少的人生磨炼。筛沙子的活每天要干 12 个小时，这一干就是三个月。所干的活，就是把筛子立起，人工把沙子分类。工具就是一把铁锹，把铲起的混沙扔在筛子上，细沙漏下去，卵石留在上面，当上下的沙子聚集到一定程度，再把这些沙子铲成堆状，那些运输沙子的农用车，在沙场轰鸣着往来，把筛好的沙子一车车运往建筑工地。向东有的是气力，身强力不亏，一天连轴转，连筛带装，能装六七车沙子，每车沙子可挣三元钱，一天能挣到二十元。

　　这种人工筛沙子的重苦力活，很费力气，没有强壮的身体和吃苦耐劳的精神，连三天的试用期也过不了，就会被淘汰。好在身强力壮的徐向东，有的就是力气，他曾经贩卖蔬菜的历练，把他锤炼成一个面对困难永不言败坚韧不拔的铁人。他在秋日艳阳高照下挥汗如雨，这样超强的劳动，一天下来，人的身上浑身疼痛，就像散了架一般，躺下一睡就是大天明。一些身体单薄者，干不了几天，就纷纷出局，而他甩开膀子干了一天又一天。

　　那时的徐向东，尽管每天收工后感觉特别累，但他有一个良好的习惯，一直坚持写日记，每天晚上写一篇，雷打不动天天如此，这些记录他苦乐年华的文字，现在还存放在他的柜子里。这些记录着他筛沙子酸甜苦辣的感受及宏伟志向的全程记录，为他日后强力反弹或华丽转身奠定了强力支撑。

在包头郊区二道沙河筛沙子期间，他得了重感冒，喷嚏不断哈欠连连，浑身疼痛得十分难受，他疲软得连和业主打招呼的力气也没有就留在工棚里休息了。沙场筛沙子一天两顿饭，半前晌一顿，半后晌一顿，中午在工地吃自己拿的白皮饼子就白开水。九点开饭时，他难受得五味翻肠，上吐下泻，连吃饭的欲望也没有，他连一粒米也没有吃，甚至连米汤也咽不下去。十二点多了，徐向东的肚子瘪瘪的，喝了一杯水后，肚子哗啦啦地响声连自己都听得一清二楚，空空的肠胃饿得实在坚持不住了。有句古语说：半大小子，吃死老子。年轻后生能吃不说，消化快还不耐饿，况且早上滴水未进。他爬起来进了东家的厨房，连一点剩饭也没有找到。他就走出去在院子里转悠，地上几只母鸡呱呱叫着正在觅食，他抬头向鸡窝望去，看见有三颗鸡蛋展油油地静卧在那里。

此时的徐向东，饥饿的如虫子在撕咬，连一点抵抗力都没有了，口水顺着嘴角流了下来。他悄然把鸡蛋揣在衣兜里，进了工棚。东瞅瞅西看看，看有什么器具可以煮鸡蛋，他瞅来瞅去能煮鸡蛋的只有茶壶，再无其他。几分钟后鸡蛋熟了，这三颗煮熟的鸡蛋，他一口气吃了个精光，蛋皮埋在了炉寝的灰里，他躺下又睡着了。

徐向东躺下不久，雇主的老婆回来了，这个小心眼的女人，看见鸡窝里的鸡蛋不见了，甚为恼怒，站在院子里指桑骂槐："谁家逼不贵的老子，偷吃了鸡蛋还不透气？"这个头大脖子短的肥硕女人，晃悠着身子朝工棚走来。她看见了徐向东，就怒气冲天地问他："你见没见鸡窝里的鸡蛋？"他随口回应道："鸡蛋在哪了？我能看见了？"女主人在家里四处翻腾着，寻找鸡蛋皮的蛛丝马迹。当她刨开徐向东住宿工棚炉寝的炉灰时，刨出了鸡蛋皮。这个婆娘劈头盖脸地骂他："你们这些南梁人，偷了东西还不承认？嘴硬的像猪，什么地也敢拱，什么东西了？"徐向东说道："实话告诉你，鸡蛋是我吃的，你们走时不留点饭，我是饿得不行才把鸡蛋煮着吃了。我不干了，算账哇。"向东实在受不了如此对他人格侮辱和尊严的挑战，一时也发起了火。他站了起来，朝着女主人怒吼道："扣工资也能了哇，咋能骂人了？那也就是鸡蛋哇，能值几个钱？"女主人的脸壅得漆黑，说："还算账了？要算就按偷盗行为算，扣除全部工资。"一句话噎得他连话也说不上来。仔细算账，三个多月可挣到两千多元钱。

随后，女主人就去赶他，让他赶快离开，否则就报警，让警察处理。

人心险恶，居心叵测。在这种情况下，矛盾已经完全激化，两个人都说急了眼，待是待不下去了，哑巴吃黄连有口难言啊！况且，这里人生地不熟，上哪里讲理去？年轻气盛年龄还小的他，还没有维权的意识，让无理闹三分得理不让人的雇主蒙哄了，舍弃工钱拂袖离去。性格倔强的徐向东哪里肯弯下腰说怂话？走就走，此地不养爷自有养爷处。他径直走出了院子，摸了摸衣兜，连一分钱也没有，没有坐班车的钱，步行回家也不是个事。他又折了回来，向这个用心险恶的女人要了五元钱的班车费，头也不回离开了二道沙河。

鸡蛋啊鸡蛋，又是你，小时候我是孩子王，打闹几个鸡蛋算个甚？那是呼之即来的事，拿你还能换雪糕吃，现在又是你，让人家作为把柄讹诈了我，真是成也鸡蛋败也鸡蛋啊！

走在半路上，他才幡然醒悟，出门在外，必须存有"防狼"的心理准备，否则就会上当吃亏，自己过去那套防止街痞凌辱的应对术，还远远不够，还得与时俱进增加新内容——防碰瓷。这个雇主的婆娘，原来是一个碰瓷的高手。过去和他一起干活的人，有的和自己干活不相上下，有的甚至还超过了他，那些人怎么一个个突然离职不见了踪影？明枪好躲暗箭难防啊！原来是这个个子不高，吃得肥头大耳，走起路来撇着腿，就像鸭子行走的胖妇使了绊子，让他中了圈套，真是人心难测啊！他恨不得返回去，把那个让他遭受凌辱还拒付工资的恶妇，暴揍一顿解解恨。在返回的路上，他转念一想，自己空说无凭，一个外地人上哪里说理去？一时冲动反而会引火烧身，自找麻烦，如果倒打一耙那该怎么办呢？惹不起只能躲着走，他再次折了回来。

因严重感冒，身体还没有完全恢复过来的徐向东，从郊区的二道沙河到东河车站，仅仅十几公里路程，他跟跟跄跄走了四个多小时，沿路不知道歇了多少回，走一阵坐一会儿，在两眼冒金星的时候，他总算熬到了包头东河汽车站。

在东河汽车站，他实在饿得坚持不住了，浑身难受，冷汗迭出，补充食物已刻不容缓。他走到车站个体摊点上，小摊主正在兜售一张五角钱的煎饼，他一口气吃了三个，一元钱又买了一盒超群烟，雇主给的五元钱只剩下两元半。他走到售票窗口买票，售票员告诉他，包头到达旗班车票三元钱。他随口问道："两元半钱能坐到哪里？""只要过了黄河就是三块钱。"年轻漂亮的售票员口气还算和缓。他又问道："我身上就两块半钱，黄河北能坐到哪里？""黄河北还坐什么车了？没有这种票。"售票员生硬而不容置疑地回答道。

没有一点办法，总不能像乞丐一样，伸手向路人讨要吧。聪明睿智的徐向东，自幼刚强，宁折不弯。他什么苦都能吃得下，唯有有辱人格低三下四的事，割下头也不会去干。他咬了咬牙，拍了拍前额，长长吐了一口气，下决心步行回到树林召，步行三五十里路，对他来说也不在话下。他的父辈们从陕北的府谷走西口时，哪有什么班车可坐，漫漫长路全凭两条腿将厚厚的城墙踏出了一道道口，是他们牵着寻梦的脚步一个劲地往西走。多少难为路都挺了过来，多少匪患出没绕过去还得继续走。而且那是什么路啊，荆棘丛生坑洼不平，爬山下洼，吃冰雪灌风沙，衣不蔽体，匪患横行，虎狼出没，生命时刻都存在危险。想到此，他浑身肌肉放松了下来，人也精神了不少。

徐向东整理了一下心情，从车站出来，沿着班车行走的线路步行往回走。走了一公里多路，进入东河郊区二里半村，他忽然迷了路踏进了死胡同，几次折返才终于走了出来。一路上，狭窄的公路上煤车特别多，这时正是车轮上的经济大风，从鄂尔多斯高原上刮起的时候，这些煤车把煤海鄂尔多斯的煤，源源不断运往包头储煤场，那些被称为"蓝鸟敢死队"的天蓝色煤车，上下两道车流此起彼伏，蔚为壮观，让行人不免胆寒。他不敢在大路上步行，大路上随时就有一辆煤车，箭一般射将过来，煤车如昼的灯光，把路人照得很是渺小，号称"马路杀手"的煤车随时都会横冲直撞而来，稍有麻痹大意就会造成严重的后果。胆大心细的徐向东，只能在路边道牙子旁侧偏走。这时的他，才深深感受到诗人李白的"行路难，难于上青天"的真正含义。他从黄河大桥过了河，走到大树湾时，红泥地公路的坡度更陡，他的双脚只能侧着下方走，斜着身子摇摇晃晃，三摆两晃不慎踏入路基下的泥淖中，他的鞋里蹿进了泥浆，鞋面沾上一层厚厚的泥巴，每走一步鞋里的泥浆呼噜呼噜往外挤。此时的他也顾不了那么多，只能是䓖泥裹脚艰难地行走。东河车站到树林召马兰滩将近六十里的路程，让徐向东走了足足十一个小时，直到凌晨一点半才到了他的二姑家。

　　二姑看见这个浑身沾满泥巴的侄子，既喜出望外，又心疼得几乎要掉下眼泪来。半夜三更下地就给侄儿做了一顿鸡蛋面条，并告诉向东自从他离家出走后，他的父亲撒开人马四处寻他的经过，眼里的泪花打着转，说着说着就掉下了眼泪。饭熟了，向东端起碗狼吞虎咽地吃了满满三大碗面，这顿饭吃得好香。他一边吃饭，一边向二姑讲述他离家闯荡的经历，让二姑心疼不已。以后向东多次在二姑家吃过面条，但怎么做也吃不出那天的味道来。

　　第二天一大早，徐向东就乘坐班车回了家。回家后的他，没敢向父亲说起他的不幸遭遇，只是淡淡地告诉父亲，他出去看了看，自己也没有本钱，买卖不好做，就返回来了。回到中和西的徐向东，在帮助家里种地的同时，他还在等待着时机，准备再次出征。就在这年的冬天，已是农闲时光，村里的年轻人大都无所事事，在村里闲逛或聚众赌博，而向东从不参与赌博的事，他在征得父亲的同意后，又跑去包头糖酒公司干起了装卸工。他在家闲来无事的休息期，就在市场转悠着了解糖酒业市场行情。互相沟通中，他结识了做糖业副食行当的一些老板，他们把他当朋友一样对待，鼓励他自主创业，因而他有了从事商业批发的想法。他在市场调研中发现，当地抽超群烟的人比较普遍，价位低又过瘾，他就打起倒卖超群烟的主意。第一次从包头试探性购进五条香烟，一条烟进价六元，回来卖九元，每条烟纯收入三元，五条烟纯收入就是十五元，这一次尝试让他欣喜若狂。殊不知，烟草属于专卖商品，达旗烟草公司多处设点检查，进行严厉打击。他为了逃避检查，把烟装在胶丝袋子里，不敢坐班车，他就骑着自行车驮着烟卷躲避查扣。每次不是从昭君坟过河，就是从大树湾的段家海子过河，悄然躲过了检查。他白天把货备好，一次采购五十条超群烟。闲来无事就在街上转悠，太阳落山了，徐向东就踏着晚上深沉的夜色，骑上自行车往回返。从家乡中和西到包头一趟的距离就是八十公里，往返就是一百六十公里，赶天明他就回到了家里。待烟销售完后，他再次去包头进烟，贩卖一趟香烟获利一百五十元，收入十分可观，他自我感觉盆满钵满心也满。

1990 年初，徐向东结束了蹬自行车做买卖的生涯，他向村民袁福生租了一辆柴油三轮车，从包头糖酒公司倒腾糖酒副食，他不敢走车水马龙的黄河大桥，而是舍近求远绕道而行，哪里有小船的渡口哪里就有他的身影，而且还不是一成不变，经常狡兔三窟般倒换渡口。每天晚上从包头拉上货，捉迷藏一样躲避着检查人员，连夜返回中和西，白天如独行侠一样在中和西一带出没，这村出那村进兜售他的货物，人虽然累得精疲力竭，但他在收获的同时也历练了自己。

第五章　父命难违　自作主张

百货公司正式工，忙忙碌碌太平庸。

工作打工攒资金，自主创业赌人生。

1989年夏天，父亲眼看着向东整天为了生计而奔波，脸膛黝黑放光，身子瘦了不少，肩膀常被强烈的紫外线晒得脱了皮，着实令父亲心疼。为了使向东摆脱没有规律地生活和工作，向东的父亲四处托人想为他找一份稳定的工作，让向东不要过于劳累。此时，达拉特旗百货公司正在建设百货大楼，营业面积扩大了，百货大楼要招收一批集资工。听到这一消息后，徐向东的父亲靠借贷筹措了一万五千元入了股，向东就此参加了工作，他从一个农村娃成了国有企业的一名员工。

1990年秋，达拉特旗百货大楼正式启动，徐向东如愿以偿进入百货公司工作，经过简单的培训后，各就各位开始上岗，他被安排到儿童玩具组工作。由于他聪明好学，吃苦耐劳，上进心强，半年后，在公司实物负责人竞聘中，在"能者上"的竞争机制中，他在众多经验丰

1990年，百货公司上班卖玩具

富的员工中，脱颖而出，当上了实物负责人。他手下有三个年轻人，都是心灵手巧的年轻女性。悟性极高的徐向东，从整顿工作纪律、强化服务入手，热情服务，顾客至上，不再板着面孔循规蹈矩，刻意求变求新，笑脸相迎友善服务，销售额直线上升。在儿童玩具组干了几个月后，百货公司领导看到他责任心强，又有担当，肯吃苦，有一定的经营管理能力，又把他调到了灯具、电料组。这个组是百货大楼的一个大组，承担着公司销售额的重头戏，如何演好这出戏，导演就显得格外重要。在接任灯具、电料组实物负责人时，公司领导和他进行了一次意味深长的谈话。徐向东把自己的想法竹筒倒豆子般谈了出来，公司领导对他的经营思路和办法十分认同，对他领导下的灯具、电料组给予了一定的经营管理的自主权。古语说得好："天高任鸟飞，海阔由鱼跃。"公司领导的明察秋毫，让徐向东这只高天中的鸟自由飞翔，让向东这只大海中的鱼游得更欢。他率领三个组员，在天高海阔的环境里自由翱翔。他跑包头货栈看货，也去新成立的大中小型批发站看样品，货比三家，选质优价廉的商品进货，他采购的货物品种多质量好，做到"质优、货全、价廉、物美"，一站式服务到位。顾客只要来到他的柜组，灯具、电料一次搞定，少走了不少路，无须东跑西跑零星拼凑，很受达拉特旗顾客的欢迎。

当时达拉特电厂正在兴建，电料耗材用量大，跑电厂联系业务，已是徐向东推销商品的主战场。他拿着样品上门洽谈，作为一家大型国有企业，电厂看准的就是质量，要的就是品质，低廉的劣质商品他们嗤之以鼻，连眼也不眨。这家大型企业的材料负责人，被徐向东软磨硬泡的精神所感动，主动到他的柜组看货，为他的精诚所佩服，他所销售的灯具、电料质量，与包头大型商场的商品完全一样，但价格更优惠。就此，达拉特电厂电料采购负责人选定了他们商场的商品，成了电厂的材料供应商。更重要的一点是送货上门，亲自上门安装，省下中间环节，方便了顾客，节省了资金。这在当时国营企业守株待兔的经营模式中，绝对是一种创新，是一种思想开放的经营方式，使企业的经济效益稳步提高。

正当徐向东和他的团队业务做得风生水起之时，枪打出头鸟的大概率事件发生了，而且就发生在业绩突出的徐向东身上。一些心怀叵测者眼红了，他们觉得"铁打的营盘流水的兵"，好的业务不能由一人独占，应该轮流坐庄，否则就不是公平竞争。于是，百货大楼灯具、电料、五金、家电负责人，听从了一些人的谗言，在没有向公司领导请示的情况下，擅自调整了他的岗位，派他去管理经营秩序混乱，卫生脏乱差，摩擦纠纷频发的大楼门前的临时摊点。百货大楼门前的摊点有钉鞋、卖灭鼠药、绳子、纽扣、针头线脑等十多家摊点，都是来自四面八方的闲杂人员，他们是一批既无多少技能，又没有多少文化的个体经营户，管理难度大，前几任都因调解不了矛盾而离岗。这个调整他岗位的负责人竟然还冠冕堂皇地宣称：大楼门前的摊点还看你的了，你的前任干得不尽如人意，调整烧锅炉去了。

弦外之音徐向东一时还没有悟出来，为他的日后人生变故埋下了伏笔。走马上任后，按照他的思路进行了全方位的规划，他明确了责任和权限，定了规矩并圈定了经营范围，任何人不得挤占挪用摊位，实行人性化管理。他用细绳子拉好线，拉得规范、整齐，根据位置确定价位，谁违反纪律就取消经营权，对那些恶意抢占摊位者，发出了强制令。经过他精心策划和摆布，摊贩从此经营有序，卫生明显改善，按时缴纳摊位管理费用，人人都把责任当成义务，维护正常秩序。当时只有八十四元工资的徐向东，在公司提出的"管理摊点，自负盈亏"的条件下，他的收入轻而易举就能达到一百多元，还和摊主关系搞得团结和谐，像弟兄一般亲近，讲实话聊友情，有困难还出面帮助他们，让他们出门在外犹如在家一样的温暖。

徐向东参加工作后，与他在风里来雨里去的云游四海闯荡相比，要轻松许多。一个世代为农的农家子弟，有了"铁饭碗"是人人羡慕的一

1991年，在百货公司上班

份美差，而心灵里始终寻找归属感和突破点的徐向东，则是另外一种体验，尽管他十分卖力，但就是有不如意的感觉在血液里躁动，主要是挣钱太少，与他想象的落差太大，别说靠这项工作发家致富，就是养家糊口也存在问题。

他对朝九晚五的节奏似乎有些不适应，他在刻意寻找机会调整自己的心态。向来好动脑筋的徐向东，参加工作不久，就开发了另一份职业，而且顺风顺水干得如鱼得水。有一天，下班准备回家的向东，看到百货大楼北边旗供销社宾馆二楼开着舞厅，当时达旗的歌舞厅刚刚兴起，人们在闲暇时间，都爱出去凑热闹跳跳舞，一时风靡树林召，后延伸到乡下。向东眼前一闪，这不也是一种商机？存放自行车也能挣一些钱，补贴日常开支。他就把存放自行车的车棚包了下来，每天晚间和周末休息期间，他坐守车棚存放自行车，忙得不亦乐乎。供销社宾馆二楼上除了舞厅，还有一家商店。商店每次进货，他和老板商量，货全部由他背上去，包装货物的纸箱子归他，老板见他肩宽力壮，就同意了他的请求。百货店每天进货量也不少，天天都在上新货。徐向东看在眼里想在心上，力大无比的他，把二三楼十多个柜组上的货全包了下来。半人高一百多斤重的货物，他背在背上，一溜小跑着就上了楼，尽管汗流浃背，但他乐在心中，为的就是背一箱子货，挣一个包装纸箱子。纸箱子卖给废品收购商，每月还能额外收入五十元钱。人们把他卸货背箱子的事习以为常，尊重他、信任他，只要新货回来，一声招呼，他就挥汗如雨地干了起来，再艰难困苦的事，他也能担当起来，还干得干净利落。

此时，单身一人的徐向东，在旗供销社附近租了乔军的一间房子。素来喜欢干净、整洁的他，每天把家里打扫得窗明几净，一尘不染。只要他休息在家，他不是擦玻璃，就是打扫屋子。一个人的生活，尽管单调乏味，但向东调剂的快乐有趣，他每天在忙忙碌碌中度过，匆忙而快乐着。

徐向东喜欢吃焖面，香喷喷的焖面让他吃得有滋有味，忘掉了寻常那些泼烦烂躁的苦闷忧愁。做一顿焖面能吃上好几天，不是他偷懒不爱做饭，烧菜煮饭也是他的拿手好戏，而是他一有时间就找活干，啥时去哪里，都排得满满的，时间不允许他天天铺排开做一顿美味佳肴。有时他也去车站北的便宜坊吃一碗大碗面，那个地方紧靠新盛园车马大店，离车站也仅一步之遥，店面虽不算太大，但打工者都爱去那里吃饭，他也如打工人流一样，经常在那里逗留。他每次去了乐呵呵地吃着面，老板很快便和他熟悉了，看见他苦重饭量大，时常给他多加一点面或者猪肉臊子，让他吃得快乐开心，抱拳感谢。便宜坊的大碗面，碗确实够大，量还多，食客你来我往源源不断。徐向东每天干活多消耗也大，自然饭量也比寻常人大，那个地方正是他的好去处，能够放开肚子展油活水吃个沟满壕平。

机遇总是馈赠给了那些有准备的人。其时，在供销系统历练多年的马振彪出任达旗商业局长，商业局下辖的单位有百货、土产、五金、糖酒、食品等几家国有公司。马局长上任后就提出了"各公司自主经营，不能越俎代庖"的管理模式，取缔了经营乱象，使各公司的经营框定在所属范围内。因而，百货公司原来经营的土产和五金商品停止经销，要求把旧货一次性处理。公司在推选人选时，选中了徐向东负责处理土产日杂。

当保管员打开库房清点货物时，徐向东看到门帘子积压较多，让他如获至宝。在中和西这块土地上长大的徐向东，知道这种东西是晾晒枸杞的好物件，那里是达拉特旗甚至是鄂尔多斯的枸杞基地，从中国枸杞之乡宁夏中宁县引进的枸杞种植面积大，枸杞的颗粒大产量也高，晾晒用材量也大。当地人自制了晾晒木架，上面铺上门帘子或铁丝网，通风透气，使采摘的枸杞自然风干，风味独特，深受消费者的喜爱。作为处理货物，自然便宜，百货公司给他定的价每件与市场价相差六元钱，便宜实惠易于销售。徐向东雇了一辆农用车，一车全部拉在老家中和西。

当晚，徐向东骑车驮了五捆门帘在村子里转悠，投石问路。结果效果特别好，几个小时后全部售完。第二天他雇了一辆三轮车，直接到了枸杞种植基地蓝塘圪旦村，一晚上就把村民家全部转完，门帘子全部售罄。门帘卖完后，旗百货公司又让他处理积压的铁锅，铁锅价商定好后，他又满满地拉了一三轮车的锅，又运回了中和西，一个月时间就全部卖完，净挣了三千元。功夫不负有心人，尽管苦点累些，但他享受了收获后的喜悦与快乐，这是人世间最让人兴奋的时刻。

第六章　大道朝天　各走一边

毅然转身回故乡，覆膜西瓜做文章。

精心打理结硕果，冰心玉壶瓜果香。

　　这一次也是和往次一样，每一次重大决定，徐向东都是事先做了决定才向父亲通报。在一夜的痛定思定之后，徐向东再次作出一项大胆的决定，他觉得自己可能不适合在体制内从业，独闯天下可能更适合他的性格，放弃了这项难得的工作机会，他毅然选择了自主创业，再进行一次人生的豪赌，或许能闯出一片天地来。

　　既然做出了决定，就付诸实施，这就是徐向东的做事风格。第二天，他到单位写了请假条，拂袖而去，头也不回地返回了中和西。在回家时，他从柜子里找出了他在包头跑业务时，购买的《覆膜西瓜栽培技术》一书，这本让他翻得卷起毛边的书是他的最爱，别看这个过去不怎么入心读书的年轻人，绝不是酒囊饭袋，而是"腹有诗书气自华，圣贤为友品自高"的有心人。彻夜未眠的他，把自己从上学到参加工作的人生履历翻了个底朝天。他自己的每一次决定，都是深思熟虑的结果，且凭着他的韧劲都成功了。这次突如其来回到家乡，肯定会受到父亲的批评，但那只是小插曲，人生的路还得靠自己走，别人都是看客，即使参与，也是暂时的陪伴。父亲的决定可能适合父亲的生存法则，而他自己做出的决定，可能更适合他的人生走向。此时的他，有一种意外的收获，他坦然地认为，人生就是一场自己与自己的较量，让积极打败消极，让快乐打败忧郁，让勤奋打败懒惰，让坚强打败脆弱。只有这样的人生，才是真正有意义的人生，坦然地回到家乡做一些事情，那里是滋养他成长的沃土，是他的根和灵魂的寄托之所，也最容易成功。

这次重返故土，他准备在土地上做一些文章，想好了的事必去闯一闯，才能验证成功与否，也就了却了一桩心愿。几年的闯荡中，他早有在家乡试种覆膜西瓜的准备，村南那片下部是黄河冲积平原的黏土，上部是毛不拉孔兑（孔兑，蒙语，季节性河流）淤澄的沙土，沙土土质绵软，植物易扎根，下面的红泥层养分不易渗漏，保水保肥，种植的西瓜大而甜，覆膜西瓜提早上市一个月，销售价格是大田西瓜的五倍。向来善于标新立异的徐向东，这次是奔着一种新的向往回到乌兰计的。对他来说，这不是退步，而是退一步进百步，做农民也要做一个有理想、有志气、有创新精神的新型农民。

徐向东的突然回归，让他的父亲感觉有些蹊跷，再三追问他："百货公司同意你不上班回乡种地？"他告诉父亲："我请了一年的假，反正公司的工资也不高，想回来试一试种植西瓜，也不受多大影响，多会儿想回去上班就回去，人家也不缺我一个人。"父亲觉得向东说的话也有道理，也就未置可否。

这时正是立夏的前几天，他回到家乡中和西乌兰计村，开始做着种植地膜西瓜的各项准备工作。他选择了一块沙梁地，沙地种植的西瓜，水多甜脆口感好。农家肥施上了，土地深耕过了，他又把土地像刮子刮过一样平整一番。这是一个生在农村长在农村，耕种过土地的农家娃，第一次自己做主这么精心地对待这方土地，他要用真心换取土地的回报。他按照书中的种植程序和田间管理，环环相扣，循序渐进，顺势而为，就像爱护眼睛珠子一样管护他的西瓜地。

回乡种植西瓜，农业机械很重要，没有车辆的运输只能是纸上谈兵。向来爱好干净整洁的徐向东，亲自动手，把家里的一台旧四轮车进行了维修，该上的油上了，该换的螺丝也换了，每一个部件都经他的大手抚摸，注入了他的一往情深。这辆车看似陈旧，但运转起来如同新的一样，老树新丫精神焕发，跑起路来没有半点老气横秋的样子。

经过向东三个月的精心呵护，他的地膜西瓜陆续成熟了，别人的露地西瓜才拳头大的时候，他的西瓜已经上市了，这时才是阴历的六月初。地膜西瓜比露地西瓜早上市一个月左右，他抢了头市，就是以日进斗金概括也不为过。这是他人生的又一次不同寻常的举动，也初步验证了他爱一行干一行成一行的本领。他每天把时间安排得满满的，不管天阴雨湿，从不偷懒缺席。他早上早早起来摘西瓜，白天开着四轮车卖瓜，晚上在瓜地照看西瓜，顺便就在瓜地茅庵里休息。

经历本身就是财富。就是这一年，徐向东在他的家乡这块生他养他的热土上，不仅享受了田园风光，饱尝了瓜果的馨香，见识了麦浪滚滚和玉米、糜黍的鳞次栉比，故地父老乡亲的浓烈乡情，也经历了坎坷与崎岖的艰险，尝遍了艰辛的滋味，磨砺了意志的坚定，苦辣酸甜手牵手伴随着他成长。

一日早晨，露珠还没有滴落，徐向东迎着一颗红彤彤的太阳，开着四轮车心情愉悦地哼着山曲儿，拉着满满一车西瓜去邻乡乌兰卖瓜去了，破旧的四轮车因多年的劳作，已身心疲惫，老气横秋，旧病复发，急需住院治疗。西瓜即将售完的时候，车坏在了乌兰乡不得而回，晚上徐父替他出去照看西瓜。西瓜地周围有不少坟墓，新

徐向东在假期走街串巷卖西瓜

坟旧墓穿插其间。晚间夜色浓重，浓得像化不开的墨。人悄然入睡，而昼伏夜出的兔子，在西瓜地里到处乱窜，偶尔公兔之间因争风吃醋干了起来，先是小声搏斗，继而大声厮杀，受了伤的一方声嘶力竭地吼叫着，拼命逃窜，胜者尾随追赶，前冲后突地冲击波，从瓜地里传到了低矮的茅庵里，把徐父从睡梦中惊醒。蜥蜴、蛤蟆甚至刺猬、跳鼠、狐狸在晚间也不消停，它们乱跑乱串，吼叫声不断，难免让人心烦意乱。向来"肚渣子"大的徐向东对这些"插曲"置若罔闻，非但不心虚害怕，还担心糟害了瓜秧，披衣到地里驱赶它们，甚至亮开嗓子吼几声。那一声声震耳欲聋的喊叫声，把那些贪婪觅食的野兔，吓得心房乱颤闻风而逃。而他的父亲则不然，半夜醒来再也无法入眠，他看见瓜地里兔子蓝幽幽闪动的眼睛，顿时吓得膝盖弯曲了下来。只能竭力自我安慰，来回用双手摩擦着短发，擦出了点点星火。据民间传说，人的头发摩擦出的火花，可以驱邪驱魔，但这些民间的方子，此时却派不上用场，心慌意乱的影子始终纠缠着他，不肯放手。不得已，徐父打着口哨，一路小跑着回了家。

　　人就是这样，你对某些东西心存芥蒂引发的害怕，后面就好像有幽灵一样的东西风一般尾随着你，你走得快，它也走得快，你停下脚步它也不走了，让人莫名其妙头发倒竖。

　　自此，打理西瓜的事，完全由徐向东一人承担。他成了名副其实的种植、管理、销售一条龙服务的瓜农。父亲对于这个懂事的儿子，干啥都能干出个样子来，甚为欣慰。

　　回到乡下后，向东从来也没有在父亲面前谈及工作上的不顺心事，他知道，即使让父亲知道了，也解决不了什么问题，图给父亲增加烦恼，埋在心底反而更好，反正他早已坦然了。男子汉大丈夫能屈能伸，宰相肚里能撑船，自己虽不是什么宰相，但肚里能撑船是肯定的。父亲忙碌父亲的事，向东则做着他自己的事，井水不犯河水，父子之间没有发生任何冲突。他也从苦累中，获得了自我满足的成就感，也在疗治他在百货公司的那些创伤。

付出与回报总是成正比。辛勤耕耘得到了应有的回报，也许他的举动感动了上苍，绵密的雨水常有惠顾，他种植的覆膜西瓜在农家肥的滋养下，获得了大丰收。徐向东销售西瓜以中和西为中心，向东西两边辐射，西至杭锦旗的杭锦淖，东至中和西的临乡乌兰，都有他售卖西瓜的身影。他的嗓门高，高声叫喊起来声音特别浑厚，每到一个村口，他就把四轮车的火熄灭，高声叫卖，引来无数探寻的目光。作为曾经多次在商海中试过水的徐向东，自有一套销售术。他介绍说西瓜产于中和西的沙壤土，不打农药，不施化肥，水分多口感好甜又脆，绿色无污染，吃了浑身舒畅，心里头甜滋滋的，吃了还想吃。那些人听了他的话，顿时垂涎欲滴，原来不准备买西瓜的人，居然从兜子里掏出了钱。他卖西瓜过程中，善于与人沟通，介绍自己的家庭情况，东至乌兰乡，西至杭锦淖乡五十里之距，有一些人家与乌兰计有姻亲关系，结果许多人都知道他家的底细，与他的大爹和父亲熟悉，增加了人脉和亲和力，也为西瓜的销售无形中增加了筹码。当年的西瓜卖了好价钱，纯收入三万多元。

徐向东不上班回乡种西瓜的事，成为当地人们常常谈论的一个话题。

第七章 筚路蓝缕 青春逐梦

辞掉工作独闯荡，自称曾是面包王。

脚蹬三轮转城乡，员工老板一肩扛。

1992 年的夏天，徐向东被商业局由原来的集资工转为合同工，而此时的他，已打定主意脱离体制，自主创业。他在种植覆膜西瓜取得成功后，已不满足于现状，心早已飞向了远方，这个爱折腾的年轻人又心生一念，现在的政策愈来愈宽松，凭借自己多年经商的人脉，何不自己成立一家公司呢？也品味一下当老板的滋味。他在规划成立公司的过程中，不免黯然神伤，理想很丰满现实很骨感，面临的问题主要是资金严重不足，他想到向百货公司提出申请，工作不要了，集资款退还即可，手续办完拍屁股就走人。这是他写请假条时，早已作出的决定，道不合就不相为谋，你走你的阳关道，我走我的独木桥。有些人觉得我在他们面前，影响了他们的利益，那么干脆走人或老死不相往来，或许你会顺心了吧？他当即向百货公司经理乔子明提出退职的请求，同时要求退还集资款。乔经理听了他的主张，皱了皱眉说道："你为什么要退职？"徐向东回答说："我看在公司上班也没有多少出路，离开是迟早的事，迟不如早，早还不如快。"

乔经理听了徐向东的话，反而安慰起了他："小徐，你年纪轻轻的可不能太任性，任性是要付出代价的，一个农村人刨闹一个工作不是一件容易的事，就是城市户口现在就业也不容易，你一定要三思而后行。"我的主意已打定了，啥也不要说了，把集资款退给我，我二话不说就走人，绝不反悔。"他回应道。

　　乔经理知道已经挽不回他要退职的决定，就向徐向东摊了牌："集资款暂时还退不了。一是集资款盖了大楼，没有退还的资金，二是协议明确规定，集资款将视公司经营状况，逐年退还。"此时的乔子明经理说得再明白不过了，没有一次退还一说。此时，新项目已待实施的徐向东，正处在资金严重缺乏之际，要回集资款是他此时的重心，缺乏资金，一切都无从谈起。他整天闷闷不乐，像正欲飞翔的鸟困于笼中，撞开笼子是他此时的唯一出路，否则天外天山外山只是海市蜃楼，可望而不可即。

　　一分钱难倒英雄汉。徐向东为了要回集资款，他已经豁出去了，每天像上班一样，陪伴公司经理须臾不肯离开，他要用软缠硬泡打动公司经理。软的不行，他就从硬的来："我辞职你为什么不退我的钱？要欠款走人是天经地义的事情。"乔经理说他没有办法解决他的问题。而徐向东用钱要紧，其他事他顾不了那么多。经理去哪里他就追到哪里，像影子一样陪伴于左右，让乔子明左右为难，不知情的人还以为他是经理的贴身保镖。有一天，徐向东从卫生间出来，碰见熟人拉了几句话，返回经理办公室发现乔子明不在了，他骑着自行车尾随其后，一直追到他的家。

　　此时正是中午，经理老伴做的焖面熟了，香喷喷的味道让徐向东欲罢不能，早上吃了一碗面的徐向东，确实饿了，他顾不了人情礼仪什么的规矩，拿起碗就吃，结果没等乔子明吃饭，锅已经底朝了天。饭非但没吃上，还生了一肚子气，经理被他激怒了，遂向公安机关报了案，要求公安机关拘留徐向东。公安人员迅速赶来，询问了事发经过，发现徐向东没有做违法的事，向他俩提出："你们不要发生冲突，坐下来心平气和地谈，问题总会解决的。"说完，随即撤走了。

　　徐向东该说的话都说了，乔子明经理仍然没有松动的迹象，这时他跟随乔子明已经整整半个月时间。

这一步棋走不通，只能再想其他办法。他向商业局提出让其他人顶替他的工作，商业局不同意，说按照政策规定只能由家人顶替，用他人顶替安排工作，不符合人事有关规定。于是，徐向东只能用变通的办法，把集资款退出来。他在纸板上写了一个"卖工作"的牌子，站在大街上守株待兔，结果有一名女同志联系到了他，最后以媳妇的名义顶替了他的工作。

　　父亲徐耀先知道儿子退职的消息后，如五雷轰顶，作为一个农民家庭，好不容易搞到了人们梦寐以求的"铁饭碗"，安安稳稳吃公家饭，怎么突然就不干了呢？他曾经为给儿子找到工作而引以为自豪，高兴地心花怒放，眉飞色舞，就差插上翅膀飞起来。而现在他的儿子放下安逸、稳定的工作不干，又在冒着风险重新搭台另起炉灶，大失所望，让他痛心不已。他禁不住大发雷霆，骂道："你真没出息，一点话也不听，放下轻轻松松的工作不干，你不是自寻苦吃？"

　　此时的徐向东，十分冷静，准备大干一场的他，内心热火朝天，一团火正在胸中熊熊燃烧。从来不与父亲争辩的他，对父亲说："爸，我这人喜欢折腾，从小到大，一次又一次让你担惊受怕，我这人是虎瘦雄心在，人贫志气存，宁要站着死，也绝不跪着生。每一次行动，你的儿子都能从波峰浪谷中平安落地，你就相信儿子吧。你把给我找工作时的欠款给人家还上，咱们重启锣鼓重唱戏，你不要担心了，儿孙自有儿孙福。"向东把收回的一万五千元集资款，给了父亲一万二千元，还了参加工作集资时父亲的借款。

　　自断后路，方能专心致志。向东这样想着，这时已是1992年的深秋。

　　就在这年冬天的农闲时节，徐向东对达拉特旗的百货、糖酒业进行了一次深度研究，他发现正从北方高原崛起的达拉特旗，零售业也在逐年壮大，私有经济正如火如荼地次第花开，国营商业单位还是延续过去的零售业，还没有一家大型的批发公司，个体户大都还是小打小闹，还没有形成气候，而个体工商户可以灵活多变船小好调头，正需要一个扛鼎的代言人从中站起来，重装出发，引领一大批商家开拓市场。

主意打定后，徐向东就开始付诸实施。他与包头的百货站、糖酒站取得了联系，旧朋新友都赞成他的构想，表示愿意全力合作和支持，为他把脉问诊，打造达拉特一座能够出海的商业旗舰队。

说干就干，徐向东在长征路选择了一个门店，用手中仅有的三千七百元开起了一家名叫"星火商店"的门市部。商店开业了，徐向东一人兼数职，从经理到售货员、送货员融为一身。每当太阳刚刚升起，在树林召大街上，就看见他如超人一般拼命奔波，进货、送货忙个不消停。随后，徐向东又在他的邻居董令斌开办的老董砂锅店门前摆了台球案，兼做修理自行车和销售冷饮。每天早上五六点钟，他就在店里店外忙活开了，他一个人干得十分起劲，渴了喝一杯自来水，饿了啃一块面包，打里照外，井然有序。但因店铺位置偏僻，门庭冷落，付出得多，回报的少，买卖做得也不够顺畅。无奈，徐向东双管齐下，既在商店里卖面包，又去人流密集的地方兜售。他骑着自行车尝试着到学校门前销售面包，发现学校门口做小买卖的人很多，众人分一杯羹，难免吃不饱。

当时，达拉特旗树林召大街上商店林立，市场竞争异常激烈，街角底商开张，许多门口的小房子，一夜之间简单进一些日用品也开张了。其时有句调侃的话：十亿人民九亿商，还有一亿在观望。这句话虽说有点夸张，但也不难看出做买卖的商人愈来愈多，形成了大鱼吃小鱼小鱼吃虾米的食物链，不是崛起，就是消亡。在这种生意难以为继的景况下，徐向东果断采取了应对措施，向基层薄弱环节寻找突破口，在一年一度的乡镇物资交流会上出售面包，在全旗范围内跑，你为我搭台，我为你唱戏。这次不能单枪匹马自作主张了，他和父亲两人相约出行。自己没有机动车，徐向东雇佣同村袁福生的三轮车拉货。每到一地，父子俩便用塑料布在三轮车上搭棚，展出面包。晚上把塑料布围起来，人睡在三轮车底下。八月份的达拉特旗，昼夜温差大，白天温度高，憋闷异常，汗水淋漓；晚上温度低，湿潮受冷，加之蚊虫叮咬，让人上火口鼻生疮，浑身难受吃不消。好在遭了罪获得了意想不到的收获，一场交流会七天时间居然能卖出三车面包，能挣千数块钱。自此，徐向东因销售面包多而闻名达拉特旗，成为名副其实的"面包大王"。

　　好事总是多磨，磨难造就英雄。任何事情的成功，都在考验着一个奋斗者的智慧和耐心。一次去耳字壕乡赶物资交流会，沿途210国道正在开肠豁肚进行公路建设，车进车出黄尘滚滚，农用三轮车只能绕便道行走。由于便道坑洼不平，三轮车在曲曲弯弯的路上，左摇右晃颠簸中前行。不知是颠簸的幅度过大，还是三轮车老化的原因，正在七拐八弯颠簸中的三轮车前避震突然断了，一个前轮脱落飞了出去，咚的一声车侧翻在地，后轮也险些朝了天，向东从车上重重地摔了下去，摔得鼻青脸肿，满嘴泥土。没等他爬起来，一辆解放牌大卡车飞速开了过来，司机猛然一脚踩下了刹车。就在那个瞬间，大卡车的轮胎触到了他的腿部。他不由自主地"妈呀！"叫了一声，顿时被吓出了一身冷汗。倘若司机再迟上一秒踩下刹车，或者丢上一个小盹，也许轮胎就会重重地压在了他的腿上，结果不堪设想。或许压断了腿，造成终身残疾，或许一命呜呼，在这个世界上就缺少了一个在酒界翻江倒海的人物。急刹车的司机跳下车，吓得大惊失色脸色煞白，颤抖着嘴唇半天说不上话来。而此时与死神擦肩而过的徐向东，在惊险中毫发无损，他拍了拍身上的泥土，从地上爬了起来，望着大车司机抿嘴笑了笑，看似轻松地说了句："师傅，没事的，你走吧！"

　　一次，在去乌兰乡赶交流的路上，在达旗十大孔兑的西柳沟遇上了洪水下泄。当时的洪水并不算太大，雇佣的三轮车司机看错了路线，车轮侧偏了一个轮胎的距离，车不幸跌入泥淖里。前轮掉入深坑，三轮车厢进了水，面包包装被水浸泡，去了乌兰才把面包拿出来，在太阳下把外包装晒干。午饭到点的时候，徐向东让父亲照看面包摊点，他告诉父亲，自己去交流会现场转一圈，看看会场布展情况。半个小时后，徐向东返回了摊点，对父亲说："东边有一家专卖纯羊肉水饺的摊点，味道特别好，我已经吃了，你赶快去吃吧。"其实他一口也没吃，这个时候正是需要钱的时候，筹措运作资金最重要，等他的计划正常起步了，再弥补上也不迟。

其实，他在那家人来人往的饺子店里，看见吃水饺的人特别多，询问了价格，他舍不得花钱坐下来就餐，而是挺胸抬头走出了这家水饺店。

徐向东站在水饺店门口，水饺奇香无比的味道，随着腾腾热气传了出来，一波又一波撞击着他时而脆弱时而又强悍的嗅觉。他几次准备进去吃一碗解解馋，但他一想到他的星火商店扩大经营需用钱，现在才是创业的初始阶段，用钱的地方还很多，他强忍着欲罢不能的欲望，把即将流出来的口咽了下去，他忍了又忍，在煎熬中返回了摊点，那种痛苦现在想来也绝非常人能忍耐，几近崩溃，又毅然决然走了出来。他知道父亲嘴馋，三天不吃肉就有一种火烧火燎的滋味，知父莫如子，这是他最为了解的，他为了安慰心疼他的父亲，故意编了一个暖心的谎言，求得父亲一时之乐。这个支撑着家庭重任，在关键时刻拍板掌舵的人，在他的面前显得大度坦诚，是一个儿子最应该展露的姿态。作为一个孝顺的儿子和一直走在追求路上的人，他做人走的是两条线，一是奋斗是他的终极目标，二是孝敬爸妈是他的人生主题。徐父听了儿子的话，看着这个替大人着想的儿子笑了笑，满心欢喜地走了。

其实，徐向东面对鲜香美味的水饺，也是欲罢不能，但转念一想，他已谋篇布局的气壮山河的棋局，被一顿水饺吃开一道豁口，就显得有些不值。任何事情都在一念间，不论大事小情都是如此。为了开创新的事业，为了省下几元钱，徐向东彻底拼了，一个刚刚二十岁的毛头小伙子，对自己何等残忍，里面带有多少悲壮的成分，才转身走了出来。可以想见，那种艰难不是常人能够办到的。有句俗语说得好：三岁看大，七岁看老。从一件小事可以看出，任何业绩不是业绩成就了人，只有吃得了苦才能成就事业。

父亲走后，他也饿得心里发慌，浑身疲软，他吃着面包，喝着自己准备的一大塑料桶自来水，水饺鲜美的味道还在脑海里打转。一个秋天，徐向东和他的父亲走了十场交流会，用时两个月，他几乎是以面包为食，很少吃肉食，不是他不喜欢吃肉，是他实在舍不得吃啊！一天又一天，徐向东都是用面包充饥，因长期食用面包不调换口味，使他的味蕾在不知不觉中受到伤害。多年后的今天，徐向东看见面包就有一种胃反酸的排斥。

在拉运货物的过程中，徐向东感觉依靠自行车送货，一次送不了多少，还比较费劲，把人劳累得够呛。他突发奇想，亲自设计了一种"悬挂三轮车"，他把设想和那个陪伴他多年的旧自行车交给了电焊工，让焊工用他的图纸和材料制作一辆悬挂三轮，专为客户送货。悬挂三轮车制作成功后，送货的能力提高了一倍还多，让他有些激动，隐约中有种自豪感涌向心头。作为一名从事批发的商人，在几年的历练中居然能制造出心仪的运货车，说明自己的人生价值，还有巨大潜能有待开发。自从有了自主研发脚蹬悬挂三轮车的助力，徐向东的业务量明显扩大了，每天忙里忙外不消停，有人要货，他就迅速组织货源，保证客户的货物及时到手。他库房里有货就送自己的货，库房里没有的货，他就从其他批发部调货，保证了按时配送，从东家拉上货再送给西家，货主让他送到哪里，他就送到哪里，生意做得红红火火。年轻气盛的他，送货都是亲力亲为，一个蹬着悬挂三轮车的壮小伙子，在大街小巷中汗流浃背地穿行。有时为客户把货送到车站，有时把货送到商店，他真的是拼了，拼得气壮山河力拔山兮，拼得汗流浃背无怨无悔。从他干活肯出力，蹬上三轮满大街跑的形态，哪里能看出是什么老板，分明是一个打工的车夫，一个为获取一碗粥或一块肉而奔波的穷苦人。

忙碌一天，尽管很累，有时累得精疲力竭，实在坚持不住了，他吃点东西喝口水补充营养，然后又出发了。自己不觉得有什么累，但让外人看了不免有些心酸。

有人说，没有汗水和心血的浇灌，哪来鲜花摆满的红毯？徐向东的创业之路就是如此一路走来，他曾经走过的艰难，无疑是后人的一面镜子，成功的道路上从来没有捷径。

1992年一年时间，徐向东一个人送货，就为悬挂三轮车换过三次轮胎，他用坦诚、热情、奔放和钢铁般的意志，把力载千斤的悬三轮骑成轮歪体烂的报废品。特别是冬季，白雪席卷，狂风大作，他顶着白毛风，头戴棉帽子，嘴上哈出的热气在眉毛上挂上了霜，一步一步艰难地蹬着他心爱的悬三轮送货的情景，让人佩服得五体投地。

一次，徐向东一车拉了三十捆啤酒，顾客催得紧，让马上送到，他在树林召大街上风一样飞奔。他骑车刚走了大约两公里的路程，因车轮负荷太重，超出了应有载荷，他感觉越来越沉重，愈蹬愈费劲，在平地上蹬起来如同爬坡一样艰难。他两腿发软，实在蹬不动了，就停车检查车况，发现外侧轮辐条被压歪了，轮子也不正了，这是送货最害怕遇到的事。在货物卸也不是走也走不成的两难境地，他选择了拖着走的方式继续前行。徐向东用绳子绾在三轮车前轮子上，把绳子套在肩膀上，把侧轮提起继续拉着走，结果受力不平衡，

1992年，在天安门广场

主轮也压歪了，几乎散了架，彻底不能动了。他叫来公司员工换了一辆车，才把啤酒拉到了目的地。这一年的年底，徐向东的侧三轮瓦圈也变形走样，不得已把瓦圈也一并更新。

随着运送货物的数量不断扩大，有个朋友看见他用自制的三轮车拉货，货车的质量不过关，常常坏在半路上，费力费时还影响了他的送货能力。这个朋友出差时，发现河北生产的一种脚蹬三轮车性能好，承载量大，跑得还快，轻松便捷。于是，徐向东委托熟人，买了一辆脚蹬三轮车，从河北捎了回来。一个八百元的脚蹬三轮车，轮胎和轴承与农村用的小胶车轮胎没有什么两样，省力快捷，深受客户的青睐。三轮车捎回来后，让徐向东高兴地不得了，这是达拉特旗街头出现的第一辆送货三轮车。此种三轮车装货多，省劲还跑得快，只要徐向东蹬着三轮车出现在大街上，就会引来人们的围观，他们带着好奇心，侧目这个新鲜时尚的物件，让他引以为荣，就像拥有一辆豪华轿车一样自豪。

徐向东每次装好货后，白毛巾往肩膀上一搭，浑身有使不完的劲，脚蹬负重的三轮车，风风火火出发了，满大街都能见到他的身影，大汗淋漓的他出汗过多，毛巾也能挤出水来。歌厅和KTV啤酒用量大，有人要货，只要向他打一声招呼，他就雷厉风行地出发了。尽管白天忙碌一天，但晚上也不能消停，还得灌装啤酒，工作连轴转，每天休息不了五个小时，完全充当着拼命三郎的角色。

后来，随着业务的不断扩大，啤酒需求量大增，他的脚蹬三轮车发展到三台，还购买了一辆货运车，从包头等地进货。货源种类也在不断增加，数量充足，质量保证，深受客户的欢迎。他除为树林召街头许多门市部供货外，开始着手为东西沿滩乡下送货，市场份额大增。

第八章　乘风破浪　拓土扩疆

蛋糕做大人更忙，街头乡下供应商。

摊子铺大有名望，集聚人脉有担当。

　　这次几乎转遍全旗的交流会之后，徐向东又一个重大的决定出台了，他的心已不在那一亩三分地上了，而是要把经营的蛋糕做大，做得更加有气势和威望，为达旗中心树林召街上的店面直接送货，要占领树林召市场。

　　徐向东说干就干，立即行动了起来。他在锡尼路租了一处院子，开起了星火批发部，由原来的"店"提升到"部"，从字面上理解就是一次全新的升华，同时面积是原来的三倍还多。他招聘了三名员工，按理说，他是统领三名员工的小老板，本该指指手动动嘴就行了，但他不是那样的人，他非但没有给自己减压，反而自加压力，使出浑身解数开拓市场，开始了向沿黄河各门店送货。他及时调运价廉物美适销对路的商品，为客户搞好服务，成为当时达拉特旗首家向乡下供货的个体商户。为了不耽误时间，他的一日三餐，几乎都是在运送货物的路上完成。返回时，他的车也不空着，沿路回收旧啤酒瓶，补贴一些燃油费。

　　从事商业运营，钱不怕挣不到，只怕算不到，算到了就会有光明的前途，算不到就是死水一潭，进入人生的梦魇。徐向东经营的成功之道，就是灵活多样，薄利多销。他的公司在经营中快速扩张，许多小型的批发店相继倒闭，就连实力雄厚的旗糖酒公司，在乡下设立的批发点经营也出现严重滑坡，生存难以为继，相继撤离。

此时，徐向东的舞台更大了，他做买卖采取的并不是恶意竞争的策略，先以低价击垮他人，然后调价从中渔利，他始终坚持客户至上，物美价廉的经营之道。门店人员少，费用低，特别是作为老板的他一个顶俩，费用自然降了下来，然后把降下来的费用让给客户。加之他的营销活动，一人拍板，不需要请示汇报，根据消费者的需求，及时调运商品，灵活自如，不像国营单位受条条框框限制，难以放开手脚，导致经营死板。

1993年5月，徐向东又组建了"星火糖酒供应中心"。摊子大了，员工也在不断增多，这时徐向东的员工已增加到了五个人。他每天都在向外地发货，营业额不断提高。为了扩大影响，提高知名度和利润率，他开始改变进货渠道，不拘于原来的包头百货站和糖酒公司进货，而是直接与厂家联系货源，减少了中间环节，也到河北等小商品市场组织货源，买卖顺畅了，货物吞吐量越来越大，生意越来越红火。

摊子大了，信誉提高了，运输量随之加大。但运输货物不管远程还是近距离都带来了风险和考验。一次，徐向东随车前往中和西送货，车走到解放滩乡黄木独村境内时，天气骤变，风雨交加，电闪雷鸣，瓢泼大雨倾盆而下。当时，这条路还是黏土路，前不着村后不近店，车辆进退两难，车上有货还不能离人，人车被困两天两夜。他睡在车上，吃喝也在车上，塑料桶储备的生冷自来水就着面包，就是他唯一的餐饮。远程运输更是让徐向东吃尽了苦头。1993年夏，当满载啤酒的货车从陕西榆林出发，沿着210国道进入伊金霍洛旗境内时，突然间雷声大作大雨倾盆，雨整整下了一天一夜。一会儿是雷雨，一会儿又变成普雨，地上水流成河，货车停在黏土路上动弹不得。漆黑的夜晚电闪雷鸣，让人头发直竖心底发颤。他和司机两个人饿得实在坚持不住了，徐向东打发司机出去找点饭吃。而半夜离车进村的司机迟迟不见归来，车上只有向东一人困在那里，心乱如麻。车上没有现成的吃喝储备，饿了渴了只能用啤酒顶着，饿得人心里发慌，两眼发花。他看着雨水急淌着的车窗，一个人在孤寂和恐惧中度日如年。直到雨停了，司机才拿着两张白皮饼归来。原来司机吃了饭，拉开门看了看，雨水不仅没有停的迹象，面前水流成河，一旦山坡上失足，安全也没有保证。无奈，司机转身回屋，等雨小一些再作安排。但不幸的是，由于劳累过度，躺下就睡着了。一觉醒来，已是一个小时后。他们两人坐在车上耐心等待，一直等到路面雨水退去，已在原地待了整整十六个小时。

1994年，正当徐向东的事业如火如荼经营向好时，由于他独自创业，劳累过度，加之吃饭冷了饥饱不规律，导致他的皮肤病病情越来越严重，浑身皮肤发硬，许多地方结痂，胳膊也不能弯曲自如。不得已，他去了南京的中国皮肤病研究院，前后一共去了六次，经过专家会诊给出的答案是皮肤癌晚期，专家拒绝治疗，并下了病危通知书。此时的徐向东浑身被硬壳包裹起来的身子，卷曲着睡在床上，一晚上就能脱落一袋子皮屑。这还不算什么，更严重的是浑身痒得难受，还伴随着血裂痕，裂痕处血迹往外渗，衣服上也血迹斑斑，奇痒难当，伸手抓挠后又疼痛不已，让他痛不欲生，生不如死。

一个人一旦得了皮肤病，首要的是忌嘴，牛羊肉、辣椒、烧酒不能触碰，否则就容易复发或者加重，一些刺激性和催生病灶的食物，一点也不能沾染，医嘱要求他既不能吃牛羊肉，也不能接触辣椒、烧酒等。这些能让皮肤病加重的食物，是皮肤病患者最为忌讳的一道禁区。而牛羊肉正好是北方人所喜爱的佳肴美馔，忌嘴时间短还好，时间长了就是一件痛苦的事情。

事情还得从头说起。14岁那年，徐向东突然得了皮肤病——牛皮癣，浑身发痒，由不住抓挠，一旦抓破就疼痛难忍。他的父亲为了给他治病，多方寻医问药，达旗治疗皮肤病的大夫用水银诊治，治疗了两年，一直没有多少效果。后又找其他治疗皮肤病大夫进行诊治，吃中草药粉，吃了一年多的药，也没有多少效果。得病总是乱投医，他又辗转找到包头专家，也是中药治疗，整整吃了三年的中药，也没有多大效果，反而随着年龄的增长，病情越来越严重。后来又到呼和浩特治疗，也是中药治疗，结果还是治标不治本，无功而返。

20世纪90年代中前期，达拉特旗由刘氏开的一家叫望江楼的酒店，这家酒店以农家饭为主，特别是牛羊肉是其主推菜肴，特色鲜明，顾客盈门，生意十分红火。特色菜肴是号称"十里香"的呼斯梁羊肉而闻名于世，尤以一款名叫"羊肉蘸糕"的美食名闻遐迩。黄澄澄软溜溜的地产素糕，配之香喷喷的山羯羊肉，让人闻之胃口大开，解馋又过瘾。即使一些对羊肉不大感冒的南方人，吃了呼斯梁山羯肉，从此也想念着中国北方的呼斯梁炖羊肉。

由于皮肤癌的困扰，已经失去了活下去信心的徐向东，破罐子破摔。对他来说，人总会有一死，特别是像他这种得了皮肤癌的患者，不食人间美食也是死，还不如享尽人间美食而死更有价值。于是，他开始大吃牛羊肉，还喝开了烧酒。正如俗语所言：抽烟的人有故事，喝酒的人有心事。而心事重重的徐向东，无所忌惮地不仅猛吃呼斯梁羊肉，还猛喝地产响沙酒。吃了牛羊肉，喝上烧酒，无形中加重了病情，浑身痒得实在不行，抓挖得伤痕累累，难受至极。徐向东突发奇想，只要身子发痒，他就用60度白酒洗身。他站在洗盆里，用白酒洗身子，感觉还有一些效果，每晚如此，概莫能外。坚持了三个月后，他的皮肤突然柔软了，病情也减缓了不少。

为此，徐向东再次去了南京，他见到了给他诊疗皮肤病的医生。他说明了情况后，那个专家分析道，原来他的病情好转的原因是，他采取了以毒攻毒的办法，经过长时间高度酒浸泡，把皮肤上的痂子软化了，延及病灶。经再次诊断，皮肤癌奇迹般地没有了，消失得无影无踪。从此，他再没戒过烧酒、辣椒和牛羊肉。之后，徐向东又去了河南洛阳，找到祖传治疗牛皮癣的专家。这个专家告诉他，皮肤病最大特点是免疫力低下，皮肤不通气。这个治疗皮肤病的权威，还发明了一种专门治疗皮肤病的设备，对治疗皮肤病有着良好的效果。每次用专用治疗仪在身上先热蒸 20 分钟，再用中药水浸泡身体 40 分钟，一连坚持了十五天，结果全身光洁红润，看不出是一个曾经疾病缠身的人。

现在，徐向东经过数年的治疗，皮肤病基本得到了治愈，平时不吃药，也安然无恙。病愈后，徐向东顺便购买了一台热蒸设备，只要他的身体略有小痒，他就按照要求热蒸、热泡，病情马上又好转了。

随着徐向东的"星火糖酒供应中心"声名鹊起，场地已远远满足不了需要，急需选择大型场地支撑他的业务量的不断扩张，已是迫在眉睫。

1997 年，徐向东经过多方考察，瞅准了停产多年的达拉特旗麻纸厂。经过多次谈判，最后他用 14 万元把麻纸厂盘下，地方虽说偏僻，但他走到哪里，客户就尾随到哪里，货在"深山"有客户，货物的吞吐量又翻了几番，员工发展到二十多人。康师傅、金骆驼系列、衡水老白干、山西汾酒等名优百货日杂糖酒等商品扩大到五十余种。这样一来，不少商家远路到他的批发中心进货，就是市民购买日常消费品，也常常来他的批发中心。为了满足进出货物的需要，他又在院内建起了规模较大的仓储库以及相应的餐饮住宿设施，扩大了货物的储存量，同时也购置了运货机动车，仓储运输能力得到大幅提高。他的公司不仅能够承揽旗内的送货业务，而且还能承接跨旗跨省的远程进送货业务。外地一些厂家来达旗推销产品时，看见徐向东的铺排最大，可信度高，纷纷提出合作意向。他根据发展需要，在原有基础上扩充为达拉特旗星火糖酒公司。经营规模和影响力都扩大了，他的公司成为达拉特旗独占鳌头的批发企业。

1995 年，与朋友合影（左为徐向东）

第九章　殚精竭虑　华丽转身

紧盯形势看市场，星火酒店放光芒。

遇事冷静有方向，人脉财源相跟上。

机遇对于每一个人都是公平的，抓住机遇就能成就非凡人生，抓不住机遇或许就会平庸地度过一生。现实中能够抓住机遇成就事业的只有少部分，而那些机遇总是等待和拥抱有准备的人。作为一个与故步自封唱反调的人，徐向东总是在关键时刻出手，风风火火闯市场，而且气势不同凡响。有人说人生如戏，徐向东在如戏的人生中，可以说演技越来越高越来越炉火纯青，在阳光大道上健步如飞。

1999 年的冬天，这一年的徐向东精神饱满，充满阳光，这或许与他钟情"9"这个数字有关。向来不循规蹈矩的徐向东，又一个新的项目已胸有成竹。他在经营百货糖酒批发业务时，看到达旗大型酒店正处于初创阶段，市场行情日益看好，曙光就在不远的前方。随着人们生活水平的提高，举办红白宴席还没有一个满意的场所，急需创办大型实用酒店，支撑人们消费需求的崛起，他要把这个平衡的杠杆挑在肩上。

敢为人先勇立潮头的徐向东，选定北国商城附近的一处黄金地段，作为自己发展餐饮业的基地。这个肚子里能撑船的铮铮铁骨汉子，自从开办公司以后，每次作出的重大决定，必向他最为尊敬的父亲通报，希望得到他的支持，提出意见和建议，即使提出反对意见，他也会诚恳地倾听，权衡利弊再做最后决定。这次这个让达拉特人刮目相看的项目，向东向父亲征求意见时，父亲十分不悦，对他的决定予以否决。父亲徐耀先认为，现在的公司正风生水起，一年进项大几十万板上钉钉，安安稳稳经营也够人劳累了，咋又想起乱折腾呢？一步踏不稳，就会跌入万丈深渊。徐父越说越激动，脸拉得漆黑，嘴唇在颤抖，他力劝儿子不要胡思乱想，想入非非，踏踏实实经营好现有的公司，就是谢天谢地的大好事。最后，徐父诚恳地告诫他："东子，你不要瞎折腾了，闹不好背上满身债务，操心连讨吃棍也拉不起来的。"

在父亲面前，向东无言以对。他自己清楚，想办的事都需沉得住气，只要定下的事非办成不可，机遇即使专给有准备的人，也得有缘人在夹缝中寻找，迟疑半步或片刻就会有人捷足先登，大好时光就可能瞬间丧失，前期的一切努力就会付诸东流。向东知道，对于父亲的想法，他也有对的成分，按部就班也是一种活法。对于自己儿子的开拓和超前意识，他会慢慢转过弯来的。所以，面对父亲的质疑，他笑了笑，沉着而掷地有声地说："爸，我感觉这个项目挺好的，肯定会成功，我不会看走眼，你就尽管放心吧。"

徐父在许多事情上，为什么每次不支持向东呢？源自他自小生活在农村，吃了许多苦遭了不少罪，对现在的生活知足而满意，不敢迈太大的步子，农民意识随遇而安。他这个儿子，每次的决定都出人预料，甚至让他心惊肉跳，有种山雨欲来风满楼地急促，动作过大响声巨大，他就是怕戳下篓子，收不了摊子，背上一屁股饥荒，闹得家人也不得安宁，这是徐父最为担心的事。说来也奇怪，徐向东每次的决定往往都能成功，现在正是热火熊熊燃起的时候，压一压他的气焰，或许更好。自古船小好调头，免得走了滑铁卢难以站立起来。办事做人向来稳妥的徐父，也是走南闯北见过世面之人，在农村时吃香的喝辣的，解大事了小事，也算当地的头面人物。他的思维就如他多年的职业一样，开车的挡位由低挡向高挡逐步上升，不敢跳挡加速。他认为，人生如挂挡一样，从空挡一下挂在二挡以上，他就会有了不适应的感觉。父子俩都是成大事者，只不过是经历了不同成长的时代，在前行的脚步上对路不对店而已。

徐向东向父亲通报设想后，他就马不停蹄开始行动了。这是一处正面是当时最宽阔的树林召两条大街之一的锡尼路，侧面是一条南北街，使树林召两条大街锡尼路和长征路形成"工"字形，这个地方正处于"工"字形的正上方，人员流动密集，地理位置十分优越，属于黄金地段。西边即是当时树林召最大的商场——北国商城，商品齐全，人流如潮。门前的锡尼路两侧则是一条商业街，商店林立，品牌众多，红火热闹。在这一黄金地段开酒店，绝对会生意兴隆通四海，宾朋满座聚五湖。

随后，徐向东亲自上阵，和迎街面的户主进行谈判，把旧房子买下来，然后开始拆迁和重建。在拆迁和建设中，徐向东亲力而为，一是为了保证质量，另一方面自己干可以省下不少钱。他感觉省下钱，就如挣了钱。在酒店建设中，他既跑材料，又兼保管员，一身数职。从购买材料、组织施工到监工，风里来雨里去，跑前跑后事事都干，从他出来进去的身着看，简直就是一个泥人，身上挂满了灰尘，完全和一个工地的建筑工人没有什么两样。白天跑上一天不说，晚上也不能好好休息，他成了工地守夜人。而心疼他的父亲，听到他动工的消息后，也跑来工地帮忙，父子心头肉啊，打仗还需亲兄弟，上阵还是父子兵，二话不说就把多年做生意攒下的钱拿了出来。不仅如此，徐父也在工地上跑前跑后助阵向东的事业，这个工地俨然成了父子俩的共同工地，流汗流泪不言累。

2000 年 10 月 18 日，这是一个风和日丽的日子，向来把"8"当作自己吉祥数字的徐向东，敲锣打鼓载歌载舞庆祝"星火大酒店"隆重开业，向世人宣告一个新的大型酒店在达拉特旗树林召闪亮登场。酒店主营火锅，主打川味、原味火锅，兼营其他。夜晚来临，"星火大酒店"几个大字熠熠生辉，为锡尼街增色不少，让过路者有种望店思肴的感觉。

2000 年，徐向东在星火大酒店开业当天留影

自我感觉良好的徐向东，原以为酒店开业生意兴隆，万事顺达，顾客盈门，应接不暇。而有些事情确实让人想不通，理想和现实往往形成一定距离。开业前三天，酒店门可罗雀，人们光顾的少，一天接待才三两桌，连费用也抛闹不出来，让他有些失落，闷闷不乐，心情一直舒畅不起来。

是金子总会闪光，是璞玉必可雕琢。人有时会有偏见，但命运没有偏见。徐向东毕竟是高超的策划高手，此门不通另寻他途。他转变了思路，通晓广告效应的他，更清楚质量赢天下的道理。果不其然，徐向东毕竟是徐向东，别看他年纪轻轻，但他把老子的"知人者智，知己者明。胜人者力，胜己者强"早已融会贯通，智者果然能出高招，对他来说，不变花样碌碌无为，心里就有些难受。于是，新的招数应运而生，让一些人不可思议。他派出员工在街头巷尾大发广告，邀请各单位和社会人士前来无偿品尝。这一招果然奏效，来者人流如潮，动作稍有迟缓就没有了座位，仅三天就花费成本十二万元。从第四天开始，酒店正常营业，就因三天的无形广告，一传十十传百，饭菜量大上档次又便宜，深得人心，顾客盈门人山人海，上下两层四十余桌的酒店，顾客想在这里用餐，需要提前预约。根据顾客的建议，他又在火锅桌面上加盖一块桌面，盖上就是炒菜桌，取下就成了火锅桌，根据顾客的需求，各取所需，食客如云。办事宴的人也纷纷找上门来，八大碗蒸锅和火锅是"星火大酒店"的特色招牌，就此红了起来，星火大酒店在当地大街小巷几乎无人不知。

生意兴隆财源广进，自然是顾客多的缘故。其时，拥有私家车的人还凤毛麟角，更谈不上出租车，人们的座驾基本是清一色的自行车。自行车多了，管理又是一大难题。人们骑来的自行车，就得有专人管理，乱停乱放影响出行。向东主动挑起管理自行车的职责，他把顾客的自行车摆放得井然有序。倘若是下雨天，他就用食品袋把车座子包住，防止雨水把车座淋湿。当顾客们酒足饭饱出来时，向东就向他们询问饭菜质量和存在的问题，取得了意想不到的效果，满意度也让他一目了然。在第二天的晨会上，向东在全体职工大会上，对存在的问题一针见血地指出，并进行整改。结果有的放矢，立行立改，质量上来了，价格降下来了，服务也上来了，来的顾客更多了。最让人没有想到的是，起初人们以为这个管理自行车的人，是酒店老板雇佣的员工，时间长了，人们才知道这人不是什么雇员，而是酒店的创始人徐老板，不禁让他们大感意外，直夸他精明强干，能够吃苦，值得信赖。

三个月的运营中，徐向东用自己特有的经营之道，大造声势，广招贤良，一批管理人才、高级厨师、优秀服务员纷纷投奔而来，纳于麾下，成为他红红火火事业的支撑点。就此，星火大酒店在达拉特旗声名鹊起，成为一道亮丽的风景线，是人们招待宾客宴请亲朋的首选地。但做事追求完美的徐向东，始终有着一颗清醒的头脑，"以质量求生存，以信誉求发展"是他创办企业的根本。抓饭菜质量、卫生管理、服务意识，是他一贯的主张和创业宗旨，把酒店经营成顾客至上的温馨家园。

有的人被胜利冲昏头脑，事业就此偃旗息鼓；有的人头脑清醒，始终把自己置于风口浪尖而扬帆远航，徐向东就是这样一个有着清醒头脑的人。

当年"星火大酒店"开始承揽年夜饭，这一创举开启了达拉特旗人从在家过年开始进入酒店过年的先河，达旗人从昔日过年准备七碟子八大碗的劳作中解放了出来，在酒店温暖和谐的氛围中，一家人其乐融融团聚在一起，谈天说地，品尝美酒佳肴，享受快乐幸福的美好人生。

酒店的年夜饭，从腊月十五便开始预约，到腊月二十八，雅间全部被预约完毕，一桌难求，预订稍晚，就会被告知预约已满，不免留下些许遗憾。

此时的徐向东风光日升，他的人生路正在节节攀升。这些美艳风光的背后，有许多不为人知的艰苦创业的人生传奇。但这些奇迹的创造，既不是天上掉馅饼的机缘巧合，也非恶意竞争的巧取豪夺，而是智慧与汗水浇铸的丰盈硕果。正如荀子所言"不积跬步，无以至千里；不积小流，无以成江海"一样，总结经验，开拓创新，砥砺前行。

在这个号称"上房瞭一瞭，瞭见树林召，满城绿树满城花，红日照树梢"的古老城镇，伴着历史和文化底蕴的得天独厚，"星火大酒店"正从黄河几字湾里崛起；在这个"吉格斯太到乌兰，海海漫漫米粮川"的中心地域，"星火大酒店"的品牌已在人们的心中自然安放，一路高歌着"我们走在大路上"。

第十章　败走麦城　商海沉浮

世上没有寻常路，随机应变靠度量。

万事自古无捷径，学费交够才成长。

人生中，不是所有的事都是万事顺遂，而是以曲直回环或者螺旋式上升，顺将来一顺百顺事事顺，败将来百无一顺碑倒崖塌。有时候，前面等待你的是鲜花和掌声，有时却是悬崖绝壁万丈深渊。有时还会出现为收缩而退一步的事情，而这个暂时的避让，往往是为了发起冲锋所作的战略准备。有些事情想得好，看似雄风漫卷，往往是不以人的意志为转移的一时懵懂。

在达旗星火大酒店开得如火如荼的时候，号称"煤都"的鄂尔多斯的经济，如火苗般从北中国窜起，而作为"煤都"的中心东胜区，更是南来北往淘金者的首选地，因而餐饮业争先恐后从这块富饶的土地上崛起，星光灿烂。这个时候的徐向东，意欲扩大他的营销地域，他把达旗星火大酒店的营销策略全盘移植至东胜，在人海茫茫中中流击水，在锅碗瓢盆交响曲中占领属于自己的一片高地。2001年秋，徐向东来到东胜，承包了伊盟华研公司的一家酒店的餐饮业，起名为"达拉特旗星火大酒店东胜分店"。

在酒店敲锣打鼓开业后，由于当时徐向东经营的项目多，铺排的摊子大，既有达旗的"星火糖酒公司""星火大酒店"，又有东胜的"达拉特旗星火大酒店东胜分店"，由于经验不足，战线拉得太长，导致顾此失彼，一直处于亏损状态，而用电量极其大，每月仅用电就近 20 万元。经检查发现，华研公司开的宾馆的电线也接在了酒店的线路上。宾馆使用面积大，是酒店的两倍还多，经和公司领导交涉，他们不承认偷用了他的电，双方就此发生冲突，经营了 8 个月的酒店，就此撂了摊子，亏损了 300 多万元。

这时他才真正悟出了一个道理：人不能过于贪大求洋，要脚踏实地才有出路。有时候天有多高心就有多大也不一定正确，一个人的胃口不能太大，有时候吃进去不易消化。在这个世界上，有时候给别人留一条活路，实际上也就是给自己留了一条生路。

随后，徐向东又在东胜歌舞剧团的楼上，挂牌经营起了他的"达拉特旗星火大酒店东胜分店"，一开就是两年，干得还算风生水起，在徐向东全身心投入响沙酒业的 2004 年，在他的战略逐渐转移的过程中，他果断从东胜经营酒店的业务全身而退，集中精力开创他的响沙酒业王朝。

2012 年，徐向东刚刚从包商银行贷出款，把鄂尔多斯羊绒集团的借款还上之后，刚缓了一口气，一转身，雪上加霜的事也山雨欲来风满楼。作为曾经商界的一个好朋友，在 2008 年徐向东准备提出"收缩战略，集中发展"的时候，他的朋友由于摊子铺得过大，资金严重短缺，向社会大量融资，用自己的资产担保已是杯水车薪，需要寻找担保人分担风险，银信部门才给贷款。而作为多年在一地打拼的好弟兄，出于弟兄义气，在困难时期伸出友谊之手拉弟兄一把，徐向东觉得是理所当然的事情。别说冷静思考一下后果，单方面认为谁欠款谁还，天经地义无可厚非，担保就是一道程序，走走形式而已。况且，在他为人的认知里，朋友有难，不能见死不救，而要两肋插刀拔刀相助。人生永远不是单打独斗，一滴水只有放在大海才不会干涸；一个人只有把自己的能量和朋友的力量融合在一起，才会更有力量。于是，徐向东在朋友的贷款担保单上大笔一挥，就签上了自己的名字。四年后，他的朋友经营出现了问题，危机四伏，已毫无还款能力，按照担保协议追在了徐向东的名下，这时他才恍然大悟，一着不慎闯下了大祸，承担了光讲义气不懂法律的苦果。

银行强行从响沙酒业的账户扣除了两千万元的担保贷款，徐向东有些不服，他开始了绝地反击，走上了诉讼之路。从法律程序上，贷款人偿还不了借款，再追缴资产拍卖偿还，倘若资产不够偿还债务，担保人承担连带责任。让徐向东不可想象的是，银行非但不去扣押贷款人的财物，走拍卖程序，而是走了捷径，直接从他的账户上划走了债务人的欠款。这一不合常理的做法，让徐向东愤怒了，一纸诉讼告上了法庭，诉讼一直持续了四年时间，最终也没有结果，让他背了黑锅，遭受了巨额损失。

其实，每一个优秀的成功人士，别看他表面上风光无限，但他肯定经历过一段沉寂和彷徨的时光。那段时光，付出了很多努力，忍受了孤独和寂寞，甚至无人可知的痛苦，就像在漫漫长夜中等待黎明，但晨光总会来临，只不过是迟一分早一秒的事。

其实，一个人心胸宽广，天天心若向阳，面对残酷也无谓悲伤，时常微笑向暖，人生年华就会灿烂未央。而现实的情况是：你的生活再苦，别人也无法替你分担，想要的东西只能自己去赚去拼，抱怨解决不了问题。就是躲在家里也没有用，只能自己折磨自己。生活中有艳阳高照，也有漫天寒意，既有风调雨顺，也有疾风暴雨，只有直观面对，才能赢取人生。

第十一章　鸿篇巨制　擘画未来

　　非典突袭酒店关，接手响沙思路宽。
　　重塑品牌磨励志，浑身活力使不完。

　　徐向东不是一个安分守旧的人，志向远大心气高，他在努力经营酒店和批发业务的同时，还在梦寐以求规划着人生新的里程。

　　2003年4月初，正在呼和浩特出差的徐向东，一觉醒来，忽听我国遭遇了严重的"非典型"肺炎疫情，满大街都是风声鹤唳草木皆兵，人心惶惶，广播电视里滚动播放着各地疫情的最新动态，他命司机驱车加速往回赶。整个形势出乎他的预料，疫情来得迅猛，防疫也在紧锣密鼓进行中。当他返到黄河大桥时，达拉特旗境内的黄河渡口、桥梁全部封闭，酒店食堂也歇业关停，人们守在家里不准外出，人流渐趋减少，整个树林召街上空旷而寂静，似乎连空气的流动也缓慢了。

　　从呼市归来的徐向东，连家也没顾上回，就直接跑到酒店要看个究竟。此时的街道路口有专人把守，空气也似乎凝固了。他回到已经关闭的酒店，工作人员已经全部撤离。他一人待在酒店，每天照看酒店，成了名副其实的"星火大酒店"的守夜人。投巨资建成的酒店，关停一天就得付出不小的成本，他的眼在流泪，心在滴血，他力挺千斤的肩膀，此时显得无能为力，似乎连缚鸡之力也没有了，个人的力量在此时已是忽略不计。

　　正在向东愁眉苦脸，一筹莫展，听天由命不知如何是好时，他的好友达旗酒厂职工曹文胜、贺增雄来到了他的酒店。多时不见的弟兄相谈甚欢，拉着掏心窝子话，一时曹、贺两人不免心怀惆怅，酒厂停产一年多，切断了经济来源。他们的生活受到了严重影响，除了酿酒的技能，再没有什么特长，打工搬砖溜瓦也没人用。突然他俩想到了最近酒厂厂长周志功准备出售酒厂的事，对向东知根知底的曹、贺二人找到徐向东。当谈到酒厂时，他俩异口同声对向东说："向东，我看你能弄酒厂了，你是个正能量的人，招数挺多，点子也不少，盘下肯定差不了。"

两位老友向他开诚布公地叙述酒厂曾经的过往，已是股份制企业的原达旗酒厂，在多年的建设发展中，曾经有过辉煌的历史，是达拉特旗本土制造业的一面旗帜。生产的"黑儿马"白酒，风靡内蒙古各盟市，深受消费者的信赖，"黑儿马"酒登上了许多地区大型酒店的餐桌，是民族地区人民的精神食粮。1991年，"响沙老窖""特制响沙白酒"双双荣获自治区──轻产品质量大赛一等奖，畅销鄂尔多斯各旗区。1992年，"响沙牌"系列白酒被内蒙古自治区评为"优质产品"，"响沙白酒""响沙老窖"酒畅销呼（和浩特）包（头）鄂（尔多斯）及周边市场，"响沙"品牌效应凸显。1995年，"响沙二锅头""特制响沙白酒"，在全区酒类产品质量检评中，被评为全区"酿酒行业优秀奖"。1997年，响沙酒业被中华文化研究会誉为全国酒业优秀企业。1999年，响沙系列白酒被自治区消费者协会誉为消费者信得过产品。2000年，"响沙牌"系列白酒被自治区人民政府评为名优产品。2001年，"响沙牌"商标被自治区工商局、自治区商标认定委员会认定为著名商标。

"2002年因故而停产，听说厂长周志功出手的底线是，只要偿还银行贷款四百万元，带上留守的工人即可接收酒厂。作为一家生产型的企业，没有生产熟练工不行，要说有难度就是筹钱。但酒厂昔日的光环还在，起死回生还看老弟，酒业需要你，我们几百号职工需要你带着续写辉煌，渡过难关定成大业。"曹文胜、贺增雄两位老酒业人说得掷地有声，仿佛非徐向东莫属。

其实，在商业行道摸爬滚打多年的徐向东，内心是一座火山，时刻都有可能喷发。对他来说，这团火停止燃烧，身体就会不舒服，呼吸就不会自如。原地踏步也是一样，让他的胸口堵得慌，他不同于一般人，他的大脑时刻都在高速运转，想得比别人总是快半拍。

曹文胜、贺增雄两位老友走后，徐向东思忖良久。出生在达拉特旗的他，对响沙酒有着很深的情怀，性格豪爽的他，和酒有着不解情缘。他喜欢达拉特旗自产的白酒，和弟兄们把酒言欢，和朋友围桌叙旧，都与酒有关。酒伴随着徐向东度过了不少美好时光。他在高兴的时候爱饮酒，他在忧伤的时候喜欢喝闷酒。酒后那种"问君能有几多愁"的感觉，那种痛也酒、乐也酒的情境陪伴着他，走过了多少个暗夜时光。而这些酒，基本上都是响沙酒厂生产的酒。他爱饮酒，他爱酒摊上的那种氛围，那种激情澎湃的释放，有时情绪热烈起来，他和朋友行酒令，出拳快捷喊声震天，常常把对手打得丧失信心，束手就擒停止挑战，特别是他特有的徐氏高喉咙大嗓门也令人心虚。

听了曹文胜、贺增雄两位老友的情况介绍后，徐向东对接手响沙酒业从内心中有了一种跃跃欲试的冲动。此时的他，对接手响沙酒厂有着浓厚的兴趣，但吃不准水究竟有多深，突然他想到了同学、亲如弟兄的挚友李建军，立即驱车前往东胜，拜会这个精明能干又实在的兄长。达拉特旗酒厂停产后，李建军这个不善言辞勇于实干的汉子，空有一身技能，也无用武之地，为了讨生活养家糊口，他毅然逃离了这个曾经让他欣喜，也让他忧伤之地，夫妇俩人在东胜开了一家商店，起早摸黑为生活而奔波。李建军对达旗酒厂的发展、因何停产如数家珍向徐向东一一道来。李建军对徐向东十分了解，他深知向东的人脉和过人的胆识、策略，只要挑起了这副重担，肯定会有所作为。于是，李建军对徐向东说："你想干就干吧，酒厂技术班底雄厚，我相信你的能力，只要你相信哥，我会义不容辞帮衬你，酒厂的路肯定会走得更长、更远。"

徐向东听了李建军的一席话，他接受响沙酒厂的信心更足了，他的心已沉浸在酒厂未来的宏伟蓝图上。

作为一个追求梦想的人，徐向东有决心把一个喝酒人，变成一个打造酒业的后羿，迎着太阳走，就是渴死在路上也在所不惜。

当晚，徐向东睡得很沉。一觉醒来，已是天大亮。才三十出头的徐向东，站在窗前迎着新一轮朝阳，皱着眉头沉思低语，冷不丁忽然笑了，笑得爽朗而坚定，也许大干一场的机缘马上就要来了。此时的他，如同一只海燕，又能在大海上搏风击浪自由飞翔。

几天后，徐向东在竞争酒厂的报名单上，郑重地签上了自己的名字。随后，又有七八个老板也报名参与竞争。

对于购买酒厂的事，牵一发而动全身，作为一家烫手山芋一样的企业，搁在谁身上都得掂量它的分量。启动是关键，不启动还是死水一潭，闹不好抵押金也会泡了汤。几百号职工的就业，就牵涉到几百个家庭的柴米油盐问题。徐向东的朋友们这时说什么的都有，风言风语纷至沓来，在他的面前出现两个不同的阵营，形成不同的声音，反对声和赞成声此起彼伏，都是为他好，让他左右为难，不知如何是好。

而天生不怕挑战的徐向东，向来是想法一旦确定，便会付诸实施，他经过慎重思考，心中蓦然有了定盘的准星。在一次朋友聚会中，胸有成竹自信满满的他，对众多好友慷慨激昂地讲道："我相信我自己，只要接手了一定会成功，我有这个自信，也知道自己是半斤还是八两，我这人为事业而生，干事业就要有自信，不能前怕狼后怕虎，很多风浪我也经见过不少，得到了锻炼和考验。我这个人不信邪不服输，自己培育的人气也给我壮了胆，自从经商以来成功得多，失败的少，往往重大的事项成功的可能性更大。"

现在说起当时的抉择，徐向东还是一如既往的淡定从容。

我坐在徐向东的对面，他一边斟茶，一边侃侃谈着他的人生。他在谈到接手酒厂准备运营时，千奇百怪的问题蜂拥而至，从家庭到员工都在考验着他，每时每刻都在考验着他的智商和抗压能力。徐向东深有感触脱口说出了"接收容易经营难，家人反对员工散"的"十四个字"。

　　在与响沙酒业前负责人周志功谈判过程中，徐向东向父亲通报了他的想法，徐父听了后两眼大睁，嘴巴翕动半天说不上话来。稍事冷静后的徐父，表示坚决反对。对他好言相劝："外行做不了内行的事，这事你就歇心了吧。况且，酒厂生产和销售正处于瓶颈期，市场行情不被看好，人家倒塌了，明明是一颗烫手山芋，你贸然接手图了什么？纯粹是自讨苦吃，你启动酒厂也会重蹈覆辙，闹不好还要把老本搭上。我奉劝你快收手吧，现在的摊仗也不错，不要逮不着狐狸惹上满身骚，到头来收不了场。"他心平气和地对父亲说："爸，这事你就放心吧，我已经做了认真考察，我向你保证肯定能够成功。现在报名的人那么多，你可能觉得我是外行领料不了这摊仗，不要怕，到时有人会帮衬我的。""谁能帮上你了？有的人话说得好，人前一面，人后一面，挖墙脚的事多了去了。"徐父说着说着几乎哽咽了。而徐向东言语铿锵地对父亲说："在这个世界上，一个平凡的人，靠着自己的努力和坚持，可以成为一个不平凡的人。只要心怀理想，筑梦前路，再平凡的人，都有可能变得不平凡，或许还能攀登更高的山峰。"

　　他的话说得父亲无言以对，恼悻悻地摔门而去。

　　这个每一次的选择都是惊险刺激，而且一次比一次加大筹码和难度的儿子，让他时刻都在操碎了心，许多坎虽然跨过去了，对向东来说或许如同翻一道篱笆墙，而对于徐父来说，翻的就是心惊肉跳，惊心动魄，甚而活剥一张皮。他的父亲在做出任何抉择时，往往是在精细计算中选择稳妥，而向东与父亲不同的是：他在选定梦想和舒适的哪条道时，他会毫不犹豫选择梦想，总能审时度势，轻重缓急的尺寸拿捏到位，作出适合自己的选择，还不是平铺直叙地客串，而是锦上添花的展开。他的胸中总有着"何处见清秋，明月上高楼"。所以，他选择的目标更高，腾空飞跃的高度自然不言而喻。

按理说，自己做事自己担，与父亲无关。而胆大心细的徐向东，自感有志气有骨气，才能有底气，在重大问题的决策和实施上，都会在关键时刻，必向父亲告知一声以示尊重。一是这么大的举动，也让父亲体验一下儿子的神勇决策，另一个是想得到父亲在物质和精神上的支持。而这次又非同寻常，项目大，款额也不小，他想向父亲筹借一部分资金，先把一百万的预订金交了。父亲的怀疑和否定，让他陷入泥淖之中，彻夜难眠。他的手上没有多少现款，他投资酒店的本金还没有赚回，还有一部分借款。向东把欠账朋友翻了个底朝天，拉出名单筹措资金。经过艰难的讨债，让他领教了借钱容易要钱难的社会现实。几天过去了，他才从朋友处要回一部分钱款，大部分推诿不还，拿出这样那样的困难说辞，推脱地不给。而他张口向朋友提出借款的事，有的手上应该有钱，但前怕虎后怕狼，担心有风险，不是不借给他，是怕借给了还不上款，有的即使借给他，也是杯水车薪，解决不了大问题。

徐向东正处于一筹莫展，"山重水复疑无路"时，"柳暗花明又一村"出现了，他想到了一位银行的朋友，怀着试一试的心态，向他的铁杆朋友齐维军张了一口。天无绝人之路，他仗义的朋友二话没说，在短期内，利用自己的人脉关系，从四面八方给他筹措了一百万元现金，交在了他的手上，这一从天而降的喜讯让他欣喜若狂。

酒厂起死回生还得看徐向东。多年实践证明，徐向东在关键时刻都会做出让人意想不到的神勇决策，在达拉特旗独树一帜，独领风骚。这一超凡脱俗的境界，是徐向东自立门户的专利。

徐向东有的是能力，一个一直从事与酿酒无关的职业，一个与酿酒没有半点牵连的门外汉，居然跨过行业界限，成功穿越藩篱成就一番大业，这个人就是徐向东。

不出曹文胜、贺增雄两人的预料，正在徐向东和其他老板摩拳擦掌如火如荼展开竞争实战时，原酒厂厂长周志功，看了这些人的方案，以及他所知的创业的雄韬伟略，酒厂这个重担要想挑得起来，有思路又有创业底蕴，敢于挑战勇于应战，做人做事拿得起放得下，把响沙酒业继续经营下去，甚而发扬光大者非徐向东莫属。

有人说，这个世界缺少了谁，地球也会照样转。但可以肯定地说，没有周志功就没有徐向东。可以毫不夸张地说，没有周志功的慧眼识珠，商界可能会成长一个威震四方的徐向东，但酒业界肯定会缺少一个宏图大展的徐向东。或许也有可能让徐向东的才能，淹没在商海搏击的风浪中，或被人打败，或打败他人。

其他几个老板相继退出竞争后，徐向东就和周志功开始了全方位的接触，在具体事宜上商谈。经过对接和深入探讨，徐向东和周志功两人相谈甚欢，也相见恨晚。周志功感觉这个小于自己十岁的小伙子不简单，有思路有创意，如果早几年相识相知，在一起创业抱团取暖，凝聚起智慧和力量，或许能成就非凡与传奇的人生篇章。

在达拉特旗酒业有过不凡业绩的第十一任厂长周志功，选对了继任者和发扬光大者，也就有了达拉特旗响沙酒业的未来和希望。

在徐向东和周志功谈判完成后，公司的债权债务由徐向东承担，最后敲定走法人变更形式，这种形式手续简单易操作，也符合企业的承上启下。

徐向东和周志功两人的协议签订后，做事雷厉风行的徐向东，随后就带人进厂清点库存。库房里堆积如山的成品酒，品种多，数量大，让徐向东一时难以想象。在他的印象中，有不少的企业承包人，在利益面前往往见利忘义，使上浑身解数，巧取豪夺，奇思妙想欺上瞒下，神不知鬼不觉予以转移企业资产，还满脸委屈高调诉说他的坦诚为人和清廉务实，本来资产大部分转移，还冠冕堂皇地宣称，资产悉数原地不动，有的甚至胆大包天扫地锁门，不声不响万事大吉。而周志功则不同，货物原封不动堆放在那里，没有丝毫动过的痕迹。无言的库房和产品，在默默地诉说它们的前世今生。停产一年多的酒厂库房，门锁已经锈迹斑斑，那些躲在深闺的酒，因堆放时间长，加上在风雨飘摇的库房，包装箱上已落满了厚厚的灰尘，用肉眼已分不清究竟是什么牌子的酒。这些积压在库房多年的白酒，让徐向东乐不可支，五个人一库一库地梳理，一件一件地清点，整整用了十天时间，才把库存积压白酒清理完毕。

2003 年 11 月 18 日，在这充满朝气的一天，阳光格外明媚，满面红光的徐向东，大步流星走进了达旗酒厂的大门，正式成为酒厂的经营者和管理者，人称达旗酒厂的第十二任厂长。

也就是这一天，鄂尔多斯响沙酿酒有限责任公司更名为内蒙古响沙酒业有限责任公司，这不单单是名称和法人的变更，而是从这一天起，响沙酒业由 1996 年开始的股份制企业，全面实行民营化管理，以全新的姿态再次在达拉特大地上昂首挺胸，站立起来。

酒厂到了徐向东的手上，首先面临的是去库存变现这一大难题。那些装满箱子的白酒，只因经营不善，一损俱损，声名下跌，无人问津。现在交给了徐向东，白酒还是那白酒，只是换了主人，它不是真金白银，放在哪里哪里闪光，只要它静静地躺在库房里就什么也不是，顶如心乱如麻的一堆破铜烂铁，只有出售变现才能实现其价值，酒厂才能走出困境起死回生。

面对挑战，徐向东又从正面发起了冲锋，作为从小到大经过商场的考验和历练，特别是近几年在国营企业和自主创业上花费了不少工夫，开拓市场已是他的长项，他可以展开拳脚长袖善舞，做出让人意想不到的惊人之举，别说是朋友，就是让同行也得刮目相看。他策划一场销售的经营谋略，打响一场轰轰烈烈地市场营销战。

徐向东用了三天时间，做了充分的准备，这是他的谋略，这也是他的成事之举。他把过去老客户老朋友悉数请到他经营的星火大酒店，有的朋友还召集了铁杆朋友前来参与，举办了一场规模宏大的晚宴，总共安排了三十多桌。在交朋友和做事上，徐向东向来豪爽大方，广交各路英豪。他说："朋友的朋友肯定是朋友，朋友的敌人不一定是敌人。"他和人交往，有情有义知恩图报，既不唯利是图，更不过河拆桥，也不临时抱佛脚，来者都是他真诚的铁杆朋友，他们在徐向东身上学到过东西，得到过实惠，他们相信徐向东的实力和人品，他是那种在任何时候都能襟怀坦诚掏心掏肺的朋友和弟兄，只要他招呼一声，他们便应声而来，绝不推辞。

　　在就餐仪式上，徐向东诚恳地对他的朋友说："兄弟暂时有困难了，请大家伸出友谊之手拉兄弟一把，我也不会为难你们，一瓶原价五十元的酒，现在就按二十元出手，你们能拿多少就拿多少，只要买了就是帮了弟兄。"结果如他所料，真正体现了朋友就是一生财富的道理。这个客户购买三万元，那个客户购买五万元，一夜之间就把库存酒卖出了二百多万元，酒厂库存的白酒全部售罄，让徐向东皱着的眉头舒展了，绽放出了花一般的笑颜。

　　收到销售库存酒的钱，做事光明磊落、坦荡如砥，说话一言九鼎的徐向东，在朋友弟兄间绝不马虎推诿，更不难为他人，他第一时间偿还了向朋友齐维军借的一百万元。

　　随后，徐向东轻装上阵正式开始启动酒厂。这一次他精神焕发地出发了，到温州订购白酒产品包装。他一路疾驰，带着李建军、温建军两位副总奔赴浙江，一路火车上班车下，不敢有丝毫的松懈，坐了两白天一晚上的车去了温州市龙港。业务办完后，第一次到江浙一带的他，不敢游山玩水，他人虽在外地，但心在酒厂，他告别了烟雨迷蒙的江南秀色，马不停蹄返回酒厂。

第二天他到酒厂上班，刚走到院子里，看到一片狼藉的厂子，让他彻底傻了眼。此时，大部分没有打过交道的职工已全部撤离，无人在岗。在风雨中摸爬滚打多年的徐向东，已经成熟了许多。他迅速通知职工到单位上班，有什么想法大家共同探讨。

　　会议如期举行，职工们在偌大的会议室里，七嘴八舌议论纷纷，有的人不相信他的能力，有的职工则是用电焊把大门焊死，不让出进，有的人闯进酒厂闹事，整个酒厂还没有生产，就处于人心惶惶一片混乱之中。

　　通过和职工接触，他才知道，1996年酒厂转制不彻底，只实行了国营转制，把员工推向了社会，但实质问题解决的少，还遗留不少问题有待解决，职工转制金没有全额兑现，把转制金集资入股实行股份制。但这种经营方式是名义上的股份制企业，还是换汤不换药，分配方式走的还是承包制，体制只是由国营企业转变为股份制企业，经营管理还是厂长说了算，职工实行计件工资，职工还是局外人，没有半点发言权。对于职工来说，在厂里干和打工没有什么两样。现在企业改制成了民营企业，职工的心里就更没有了底。

　　面对这些问题，徐向东拿出高姿态，向职工们郑重承诺："只要生产正常进行，保证职工有饭吃，而且要吃得饱吃得好。你们的诉求在不影响生产的同时，要得到妥善解决。"徐向东的解释，在职工们面前，似乎都是一文不值的油嘴滑舌的推诿，与坑蒙拐骗似乎也差不了多少。他们不但不信任徐向东的承诺，还把攻击的矛头直接对准了他。火药味极浓，随时有发生冲突的危险。把集资款及时兑现，是他们的唯一诉求，要徐向东立即退钱。

　　徐向东进了车间，有的人故意和他找茬，引发事端，把不满发泄在酒瓶子上，故意把酒瓶子使劲扔在地上，啪嚓一声打成稀巴烂。还出口伤人地骂道："说甚也没用，赶快给老子钱，不然你就不要生产。"出语不逊，难听的话随时都能骂出来。这些看似危害性不大，但侮辱性不小的污言秽语，令徐向东有些吃不消，徐向东忍了又忍，怒火强压在肚子里。他深知忍耐的重要性，一个人做任何事情都是赢在和气，死在脾气，成在大气，这有着强烈的徐向东个性色彩，一时掌握不到位就会功败垂成。他本来是救火队长，是在企业处于危难之时，奉命前来救驾之人，何有被辱骂之理？忍耐一时可以，但总不能人格和尊严受到无底线的挑战，无限度忍耐下去。

任凭徐向东拿出怎样的姿态，职工们都不愿接受，他们被历史伤害得太深了，只要你给不了钱，就不要生产，大有"义旗"高举"踏破贺兰山缺"的架势。在职工和徐向东一波又一波的激烈碰撞中，徐向东和他们的矛盾愈来愈尖锐化，爆发了严重冲突，由手指眼鼻互相指责，发展到拳脚相加鼻青眼肿。原酒厂负责生产的刘锁柱副厂长出面拉架，竟然也受到冲击，受了轻伤。

企业就是靠生产和销售求生存，职工闹事，没有安定团结的局面，一切都无从谈起。在处于极度困境中的徐向东，在实在无能为力支撑下去的情况下，不得已向公安机关报了案。公安人员迅速赶到现场，他们也是两眼一睁，毫无办法，还没有升级到流血事件，况且职工的诉求也没违法，只能规劝双方克制，防止事态扩大，闹也闹不出白与黑，坐下来谈判才能妥善解决酒厂问题。

困境中的徐向东，他认真总结了酒厂的历史教训，从中寻找启迪和出路。达拉特旗酒厂曾经也有过辉煌，在鄂尔多斯甚至内蒙古西部地区也是名声响亮，为达旗酿酒业争得过头筹，争得过荣誉。突然间链条为什么就断了呢？原来是一个阶段响沙酒蹿红了，销售量直线上升，酒厂的承包人不管企业长远的发展，只顾眼前的效益，只抓产量，忽视质量，酒里出现了酒蜢子不说，最大的问题是喝完酒有头疼现象，导致畅销的响沙白酒走进了死胡同，一座大厦就这样轰然倒下了，响沙酒厂就此而停产。

工人遗留问题没有得到妥善解决，问题积重难返。此时的酒厂一片乌烟瘴气，就像放了羊，没有秩序没有方圆，工人想上班就去上班，不想上就不去上，拖沓涣散，不是焊大门，就是找茬打闹。是临危不惧迎难而上？还是畏首畏尾充当了逃兵？这是摆在徐向东面前的重大课题。在这紧要关头，徐向东果断地选择了前头，他仿佛长起了三头六臂，俨然像一名高超的体操运动员，踩着生产——矛盾——市场的平衡木，摇摇晃晃一路走着，居然还没有掉下来。是老天神助帮了他一臂之力，还是徐向东有力顶千钧的魔力，激化的矛盾慢慢缓和了下来。他就此放开手脚，一边组织生产，一边跑市场，一边又积极联系旗委旗政府，希望得到政府的大力支持，把遗留问题妥善解决。

由此，让人们看到，人的本领不在于生命活得长与短，而在于顿悟的早与晚。不是徐向东用什么魔法征服了职工，是他用诚信赢得了职工的信任。

世界上的许多事情，有的则需正面冲锋，方能拿下对方的阵地，有些事情则不然，退一步或许还能进十步，从战略角度讲，这是被称之为迂回包剿。为了得到旗委旗政府的支持，妥善解决职工遗留问题，徐向东就像正常上班一样，每天去旗委找书记，上午一趟，下午一趟，然后再回单位上班，也好向单位职工传递真实信息，例行公事，风雨无阻。这个把信誉当作生命一样重要的人，不会捣鬼弄棒欺上瞒下，而是肝胆相照与人合作共事。久而久之，他的所作所为被职工认可，职工对他有了信任感，他的威信也逐渐树立了起来。人们才发现，这个人不是假借搞活企业之名，来卷包企业资产大发横财之人，而是用心用情想把企业搞活做强的实干家。

徐向东每去一次旗委，首先见到的是旗委书记的秘书，每去一次书记不在时，秘书都会对他说，书记有事今天见不上。第二天、第三天也是如出一辙，他也绝不气馁，没有灰心丧气。不是书记不见他，是书记不是在开会，就是去下乡，有时外出开会，是真的不在，不是秘书故意糊弄他。他去的次数多了，连书记的秘书也被他的执着所感动，主动出面了解情况，倒茶递水，和他拉家常，两人逐渐减少了生疏感。就在他跑了第14次，快要绝望的时候，徐向东见到了旗委书记。他走进书记办公室，向书记打过招呼后，提前了解了旗委书记一些过往的徐向东，和旗委书记拉起了家常："你在下乡当知青时，在黑赖沟吴家湾的吴毛仁家住过六年，吴毛仁是我的大姑父。"旗委书记听了他的介绍，十分动情地对他说："你姑姑姑父那两口子是好人，绵善又和气，待人可不错。"接着徐向东汇报了酒厂存在的困难和瓶颈所在、蓝图与规划，现在解决问题已经是刻不容缓的事了。书记听了他的汇报后，反而对他说："我在达旗当副书记时，这些问题不是都已经解决了吗？"徐向东说："那时解决的不彻底，遗留问题多，一部分人把集资款拿走了，一部分人还没有解决。以后再无人过问，现在到了我的手上，我有决心把酒厂重新启动，建成达旗的明星企业。"这位旗委书记听了他的宏伟设想后，十分高兴地笑着说："你这样有责任心，必须支持，必须把困难和问题解决好，要给予企业松绑，力争使达旗酒厂早日走上正轨，明天就开会研究。"他随即叫来秘书，把安排会议的事吩咐了一番。

第二天，达旗旗委、旗政府就召开了联席会议，经会议研究决定，成立了以旗委副书记詹剑彬为组长、副旗长伊占胜为副组长的响沙酒厂遗留问题处理领导小组，全面开展原酒厂遗留问题的处置工作。旗委旗政府认为，徐向东的设想和建议切实可行，操作性强，派出工作组全力支持酒厂的转制，以一次性买断工龄的方式，解决全厂职工的下岗问题。

在酒厂生产战线上，徐向东也在按部就班开展工作，提高职工的精气神，努力使酒厂走向正轨，生产出有竞争力的优质产品。徐向东为了稳定人心，他敢于和善于挖掘有用人才和可塑之才。首先从酒厂着想，把那些有技术又能吃苦肯干的有用人才，提拔到重要岗位上来，他把一线工人中的佼佼者郭金柱、赵永清提拔为副厂长，从车间到各个环节，把有技术责任心强吃苦耐劳的同志放在重要岗位，让他们承担更重要的责任，放开手脚让他们干，充分发挥他们的聪明才智，让骏马在草原上驰骋，让雄鹰在蓝天上飞翔。过去没有提拔的能人，这次提拔起来，把他们怀才不遇时压抑的能量释放了出来，让他们为企业更好的服务。

决定一个家庭的成败，要有一个统领全局的好家长，还要有一套符合实际的安排，否则日子就过不好。一个家庭如此，一个企业更是如此。要想使一个停产的企业走上正常运转的轨道，把好脉找症结是"治病救人"的第一步。起好步开好局，就显得特别重要。为此，徐向东一次次召集职工开会，群策群力，找出症结，研究对策，寻找出路。

有人说，每一个管理高手都能透过现象看到本质，从源头上解决问题。实践证明，徐向东就是这样集智慧和管理能力的企业家。外行不一定领导不了内行，关键看你怎么领导，脱离实际就是一纸空文。牢牢地与地气相通，就没有解不开的疙瘩办不成的事。徐向东在接管响沙酒业前，连一个国有企业的副职也没有当过，就直接担任董事长，这是一次全新的跨越。这种跨越是由一个人的境界所决定的，他的境界是在其历史和现实的基础上，从量变到质变的升华。在多年的历练中，他的悟性和灵性让他吸纳了其他领导人的才能技巧，从中消化、吸收，成就了徐向东的一步到位，让他第一次上任就能游刃有余，无缝对接。徐向东在响沙酒业开局烧的第一把火，就是找原因搞创新，狠抓质量换人心。面对重重困难，他充分调动各方面的积极性，带领新团队集体发力，一步步稳步向前推进，而且脚步踏得掷地有声。

在化解了矛盾生产走向正轨后，徐向东没有被一时的成功冲昏头脑，他在冷静地思考问题。一方面，从中找原因，从生产到市场，大胆改革创新，人们究竟喜欢哪种酒，在产品开发上推陈出新，酒厂才能走出困境走向正规，在困境中寻找突围，继而扩大规模，推向更广阔的市场。另一方面，他广泛做职工的宣传动员工作，他不是高高在上待在办公室发号施令，而是能够沉下去，三天两头下车间搞调研，在生产一线倾听职工意见和建议，分析存在的问题，充分调动职工的积极性，从中寻找突破口。

通过一系列的调研活动，徐向东把酒厂的家底彻底摸清之后，他新的构思又提上议事日程来，以白酒生产、销售为重点，以餐饮住宿、厂区观光为两翼，相互依托、相互补充相融相谐，把死水一潭的旧酒厂，打造成一座集白酒生产销售、餐饮、旅游观光为一体的大型旗舰式企业。在白酒生产上，走一条科技创新之路，要研发符合大众口味的新产品。

开发出适销对路新产品，走产品研发之路，是一个酒企的命脉所在。为此，徐向东亲自前往呼和浩特，怀着满腔的热忱，专门拜会了内蒙古轻工科研所高级工程师、国家一级酿酒师、一级评酒师、高级酒体设计师张秀英女士，这位德高望重的酒界高级专家，是内蒙古酒业开发界一位身怀绝技出类拔萃的传奇人物，她不仅谙熟内蒙古地区各家酒厂的底细，而且对国内大中型酒厂也是了如指掌。徐向东向张秀英真诚地谈了自己的构想，诚恳邀请她出山，为企业量身定做一批走出去打得响的新产品。

张秀英对达拉特旗的地理环境称赞有加，她深知地处北纬40度的达拉特旗区位赋能，资源禀赋，具有得天独厚的自然优势。这里昼夜温差大，光照时间充足，无霜期短，隶属于黄河几字湾内的冲积平原，地势平坦，土地肥沃，环境幽雅，水源净爽，素有"海海漫漫米粮川"之美誉，是国家重要的商品粮生产基地。这里种植的高粱、稻米、玉米、小麦、豆类等农作物淀粉含量高、干物质积累多，是酿造上等白酒的首选原料。

张秀英是内蒙古地区出了名的酿酒专家，达拉特旗酒厂兴盛时期的一系列响沙酒，就是她勤奋与智慧创新研发的品牌。她在听了徐向东经营酒厂的大胆设想后，深感这个年轻人有思路、有胆魄、有朝气、有活力，这个在酒业界摸爬滚打了几十年的老将，对白酒的研发有很深的造诣，对达拉特旗酒厂有着深厚的感情，对这里的一花一草一木都有不解的情怀。作为酒业上的资深专家，张秀英对研发清香型白酒有着浓厚的兴趣，清香型酒是中国四大香型白酒之一，让这一香型酒做强做大，是张秀英梦寐以求的梦想和追求。多年来，虽进行了一系列的攻关，但研发一直处于瓶颈期，让她一直耿耿于怀。翻看中国白酒发展史，清香型白酒占据中国白酒行业重要的市场份额，黄河作为中国第二条长河及中华民族的母亲河，流域内的名酒素来以酒体雅致享誉国内外。清香型白酒的特点是：清香纯正、醇甜柔和、自然协调、余味爽净，是最有可能被消费群体接受的白酒香型，也是最有可能获得国际消费者认可的白酒类型。

张秀英接受了徐向东的请托，当场提出了具体思路，满口答应要竭尽所能研发新产品，这让追求卓越谋求发展的徐向东，似乎找到了定海神针和理想高地。

随后，张秀英大师带领她的团队紧锣密鼓进行研发，在一次次地比试中，很快取得了重大突破。第一批生产出了红宝石和绿宝石两种品牌的酒，这是徐向东接手酒厂后生产出的第一批酒，让他十分兴奋。他对待这种酒，就像对待自己亲生的孩子一样，高兴地不得了。他把生产出的第一批酒，拿在自己的星火大酒店进行展销。当天晚上，当第一批客人落座后，当他们正准备选择喝什么酒水时，徐向东翩然而至。他从酒柜上拿出红宝石和绿宝石两种酒时，朋友们拿起酒瓶端详了半天，感觉这款酒包装大气有底蕴，随口品尝了一下，似如金樽甘露优雅细腻、丰满醇厚、回味绵长。这款白酒与响沙酒业以往生产的白酒相比，在口感和品味上有了很大的提升，这款白酒醇厚绵甜的酒香里，蕴含着徐向东的卓越追求和非凡辛劳。这一桌酒席十几人，人手一瓶，喝得不亦乐乎。

这一顿酒，作为董事长的徐向东，确实喝了不少，在朋友们的欢呼声中，让他流下了饱含深情地热泪，这是他人生的又一高地，成功地完成了一次意义非凡的跨跃，这一跨跃让他飞得更高，走得更远。

白酒质量的提高，让徐向东的底气更足，信心爆棚。如果说过去达拉特酒厂做的是真金白银的买卖，那么现在徐向东做的就是钻石的生意。徐向东和他的团队以做钻石生意的心态，开创性地研发新产品，酒的质量有了质的飞跃。

在酒业质量和生产上了一个台阶后，徐向东又瞄准了销售。他充分发挥多年打拼积累的人脉资源，先从本旗的酒店打开销路，再寻找突破向外扩张。

酒厂启动后，徐向东才发现厂子闲置时间过长，重大问题积重难返，厂里的设备破烂不堪，垂垂老矣行将就木，不是锈迹斑斑，就是一些设备不耐折腾，年久失修老弱病残，部分设备可以说已经气息奄奄，生命已接近尾声，一经运转就断成几截，一命呜呼寿终正寝。由于厂区长时间无人过问，麻雀、燕子在厂房的檐下垒窝筑巢，喜鹊也参与进来，凑着热闹，它们在院内高大的树木上居然搭建起上下几层楼房式的家居，过着生儿育女的幸福生活。喜鹊之间、喜鹊与麻雀、燕子之间，它们像邻居一样和睦相处，谈天说地相安无事，有时情绪高涨连招呼也不打，就窜进了别人的领域，俨然是它们共同的桃花源。而过膝的杂草覆盖了整个厂区，除了人行道是用砖砌的，野草无法自由生长，还能看到真容外，其他地方杂草葳蕤茂密，有的草长得比人还高，仿佛是一片天然牧场。真可谓酒厂破设备烂，满院长草无人管。

看到如此景况，喜欢干净整洁的徐向东，隐隐有些心酸。他想，酒厂是用来生产酒的，不是牛圈和养殖场，让人不可思议地咋成了这样呢？工人工资低得可怜，灌装车间女工一个月才四百元的工资，光喊口号动员他们出去拔草，是起不了多大作用，另给挣上钱，才慢悠悠地出去清理杂草打扫卫生。人心涣散，一盘散沙，以厂为家的思想早已从职工的头脑中翻了篇，成为过往的另一种洪荒般的原始记忆。

为此，徐向东狠抓薄弱环节，各个击破，攻城略地。改善环境搞卫生，起早贪黑搞营销。旧厂新人做，重打锣鼓重唱戏，是唯一的选择。徐向东兵分几路，齐头并进，一边进行环境卫生整治，一边跑市场搞营销，一边搞设备维修。他采用灵活多样的措施，积极筹措资金，想方设法改造厂子。他把卫生区域分片划开，让职工在工作期间认真上班，下了班狠抓环境卫生，实行打扫、监督相结合，验收合格了，他把从日常开支中节省下的钱，作为环境卫生整治津贴发给了职工。经过一个阶段的共同努力，厂区内的环境卫生发生了根本性变化。当他看到闲置多年，停止生产的啤酒厂，也没有多大用项，于是把原来的啤酒厂转卖了，一下子进项几十万元，让徐向东十分兴奋，让他有种坎坷面前如履平地的喜出望外，顿觉空气也清新了，阳光似乎也灿烂了。

从2003年达旗旗委、旗政府成立酒厂转制领导小组以后，在徐向东的精心运作下，经过多方努力，2006年6月转制工作全面完成，职工以一次性买断工龄的方式，解决了全厂职工的下岗问题，响沙酒业有限责任公司彻底转制为独立法人的民营企业。这不是简单的概念和形式的转换，而是一次卸下包袱脱胎换骨的再出发。这也标志着一家酒企将从内蒙古高原毅然崛起，一座史诗般的丰碑将屹立于中国的正北方。

在这三年中，徐向东在稳定职工上下了大功夫，多次召开职工大会，动员100多人的职工全员参与，把酒厂当成家，酒厂自然不会亏待他们。在一次职工大会上，会议室黑压压挤满了人，徐向东面对全体职工，慷慨激昂发自肺腑地向职工郑重承诺："我徐向东有信心也有决心把企业做大做强，只要你们跟着我干，响沙酒业肯定能起死回生，我已经制定出"357"规划，"3"即为三年迈出三大步：第一步职工工资翻一番，第二步销售额要有突破，第三步酒厂要有新厂区，扩大生产规模；"5"即为五年要有新突破，销售额翻一番，职工养老保险全额缴纳，职工该退休的退休，人人有车开，人人有房住；"7"即为七年拿到中国驰名商标，职工稳定，工资达到一千元。跟上我干肯定有前途，我拿我的人格作保证。"

职工的利益有了保障，企业才能有活力，这也和"先放水后养鱼"是一样的道理。

"佛为心、儒为表、道为骨"被后人称颂，而作为共产党员的徐向东，就是拥有一颗佛心、儒表、道骨，把职工当作家人对待，时刻想着他们的冷暖饥饱，因而在任何时候都能心中坦然，乘风破浪，走出困顿，一路前行。

达拉特旗酒厂经过多年的起伏沉浮，领导换了一批又一批，有时候走马观花式的变更，干上一两年走人也不是少数，老职工对此经见的也太多了，领导不行，一辈子心病。有的领导没有长远打算，故步自封，好大喜功，让老职工多少有点心寒。酒厂的底细他们最为清楚不过了，它就像一条大船，在风浪中颠簸，有风平浪静也有波涛汹涌险礁暗流，历史的车轮总在前行中记载着那些行色匆匆的过往。

好马出在腿上，好汉出在嘴上，好掌门人出在行动上，职工们顺着徐向东的思路，一路驰骋。从他的言谈举止中，他的思路更切近实际，更像一个做事之人。此时的职工说风凉话的人明显少了，整个会议室显得一片宁静，喧哗的嘈杂之音明显减少，似乎风止了雨也停了，散乱的人心又聚拢在一起了，多数人同意了徐向东的想法。

这次会议，对于响沙酒业来说，是一次扭转乾坤的大事件，也是一次鼓舞人心提神醒脑的决战开端。

2004年，"357"规划战略的提出，让原达拉特旗酒厂的职工心里有了底，让他们体会到了徐向东做事不是纸上谈兵，也不是故弄玄虚摆花架子要贫嘴，而是脚踏实地去干，为响沙酒业的未来呕心沥血，摇旗呐喊，乘风破浪。

要想实现"357"规划，关键是要有一个新厂，重打锣鼓重唱戏，这时徐向东又一个计划新鲜出炉。原厂设备老化，环境差，已不能适应形势和发展的需求。一切从头开始，新起点，新作为，新气象，夯实基础，瞄准未来，才能把企业做大做强，重新夺回失去的市场，再向纵深发展，在中国白酒市场占有一席之地。

徐向东是一个说话算数的人，大丈夫说话掷地有声。就这样，经过徐向东的不懈努力，他想职工之所想，他的做法和多数职工的意愿融合在了一起，把企业的荣辱与职工的利益紧紧绑在了一起，形成了利益共同体。

只要心往一处想，劲往一处使，就没有过不了的坎。徐向东信心倍增，热情高涨。以此为起点，响沙酒业拉开了开创新局面的帷幕。

他开始联系旗政府购置土地，然后规划建设。酒厂的规划建设不同于一般厂子，是与人民群众的生活息息相关的产业，把关严谨，层次高，手续比较繁杂，不是地方上就能确定的事，需要内蒙古轻工业厅设计图纸，地市级规划局批准，才能开工建设。建设完成后，经验收合格方可生产。自治区轻工业厅在呼和浩特，市规划局在东胜，徐向东东胜跑一趟，呼市跑一趟，东一趟西一趟，跑了好多次，两家就有关问题达不成共识，出现了扯皮现象，修改了一次又一次，跑得他筋疲力尽，口鼻生疮，头痛不已。

为了争取时间，使项目早日落地生根，徐向东跑到自治区轻工业厅找到了负责人，他把好话说了几箩筐，负责人被他的创业精神所感动，大手一挥同意了他的恳请，把办事人员拉到达拉特旗，与市规划局的有关人员现场办公，问题很快得到解决。据办事人员事后说，这在全区也是少有的几次。一个项目审核处总共几个人，负责全区的轻工项目核准，下基层现场办公，算是给足了面子，精诚所至金石为开。

2006年7月，响沙酒业生产销售正当稳定向好之时，徐向东作出了人生的又一抉择，投资近1亿元，设计年产2万吨白酒的生产基地破土动工。新酒厂的地址确定在树林召新园街北侧的一处宽广平坦的土地上。旗政府刚刚在6月份批准的酒厂新址，转眼间就掀起了轰轰烈烈的建设热潮。这一超常规的举动让人们惊呆了，而且建设速度让人难以置信，当年建设当年完工，一座花园般的厂区如同神话般矗立于达拉特大地上。

这就是徐向东的大手笔，定下的事总是"稳、准、快"，如同一撇一捺的"人"字一样，下笔者功夫深浅不一，写出的字韵味就截然不同，带给人们的美感完全不一样。这就是徐向东奇迹，不得不佩服的徐向东速度。难怪当地一位叫马振彪的成功人士，曾在二十世纪九十年代中期感慨地说："向东爆发力强，将来成大事者还看向东。"那个时候，徐向东正热火朝天地开着他的糖酒公司。十多年后，那名著名企业家的话不幸言中。

厂子整体搬迁，花园式的厂区，宽敞明亮的车间，舒适的工作环境，集办公、酒店为一体的综合大楼，成为树林召镇北郊的一大亮点。"响沙酒厂"变为"响沙酒业"，一字之差，不是字号的变更，而是华丽的转身。产量数倍增长，质量稳步提升，花色品种繁多，档次分门别类，走出了旗门，迈出了区（省）之门，名声在外，掷地有声。

2008年，响沙酒业投资建设的近2万平方米的响沙假日商务酒店投入使用。2009年，响沙酒业确立"战略收缩，集中发展"的思路。徐向东计划整合资源，集中力量发展酿酒业和响沙假日商务酒店的运营，其他行业诸如星火大酒店、星火糖酒公司和旧酒厂全部拍卖出售，举全力研发响沙酒新产品，打造富有生命力和市场竞争力的一流酒企，为民族工业开创新的闪光点。

当年秋天，响沙酒业新办公楼的所有建筑全部竣工，办公室搬迁到响沙假日酒店的六楼。

　　随后，金融危机的到来，使企业陷入困境。2010年，金融危机出现，响沙酒业在困境中寻求突破，在市场竞争激烈的情况下，通过左冲右突开弓射箭，在困境中一路狂奔，销售额突破了亿元大关。但随着金融危机的加剧，费用在强劲增长，不断蚕食和淘涮企业的生存根基。一年中纯收入才三千余万元的响沙酒业，费用就高达四千万元，收支相差一千万元，让企业急火攻心，苦不堪言。2011年，响沙酒市场销售有些下滑，贷款利息高于收入，收支不能平衡。不得已开始高利借贷，三分钱借款支付银行利息，一年付出利息就达600万—700万元，实在有些承受不起。经会计事务所清算，响沙酒业亏损七千万元。真可谓"几年辛苦白忙乱，算账亏欠几千万"。企业面临着不是死亡，就是逃亡的境地。徐向东面临如此窘境，他紧急刹车，采取了收缩战略，集中发展的策略，把年租金四十万元的星火大酒店，以两千万元的价格对外合作经营，还清了高利贷，减轻了企业负担。

　　很多事情是不以人的意志为转移的，有些事情甚至让人始料不及。2012年，响沙酒业信贷出现了严重危机，这对于一家正在脱胎换骨的企业来说，不仅是断粮断炊，无疑是釜底抽薪。银信部门提出借贷条件是，先还清借款再贷款。在走投无路即将进入死胡同的危机之下，徐向东通过市政府一位领导引荐，向鄂尔多斯羊绒集团借款八千万元，把银行贷款一次性还清。当时和鄂尔多斯羊绒集团的约定是五分钱的利息，二十天还不了贷款，响沙酒业50%的股份归鄂绒集团。就在还了贷款的第五天，正准备申请贷款时，不幸的噩耗传来了，达拉特旗农发行回了话，反目食言不给放贷了，直接后果是"打将闪车"，断了后路。他们的解释是，从当年开始，酒企放贷风险大，银行暂停支持酿酒企业。听到这一消息，如晴空霹雳五雷轰顶，当头给了徐向东重重一棒，如热锅上的蚂蚁——团团转，他几乎就要疯掉了。急需贷款救火，没有贷款如同得了肠梗阻，打不通生命就存在危险，他在绝望中寻求对策。徐向东的眼在流泪心在滴血，不仅开水翻滚的锅还在等米，而且"黄世仁"还在后面讨债。身为"杨白劳"的徐向东，完全被逼上了梁山，心乱如麻的他，火速跑到呼和浩特，找到了内蒙古农发行分管副行长，逼问这位行长大人，为什么断了响沙酒业的贷款之路？内部有人曾向徐向东透露说，就是这位副行长在审贷会上提出，内蒙古响沙酒业有民间高利放贷行为，意思是把从银行贷上的款，有向民间放贷嫌疑，风险高。就是这位副行长的一席话，取消了向响沙酒业的贷款。这位副行长在徐向东的逼问下，直打哈哈："银行贷款不是我一个人说了算，这是根据风险评估会上定的，我也无能为力。况且停贷不止你们一家，以后再看吧。"一句话让徐向东有口无言。

此时，平均每天睡觉不超过两小时的徐向东，眼睛红肿，身心憔悴，疲惫不堪。在呼和浩特的大街上，如无头的苍蝇到处乱撞，寻找贷款的机会，把所有的关系都找遍了，都是双手大展，表示一筹莫展无能为力。无奈，徐向东又跑到北京找到一家银行董事长，为了八千万元的贷款，徐向东彻底拼了，他低三下四扒下脸面向人家求情，说服人家放贷，解决他的一时之难。三天的游说，效果奇佳，他的治厂方略、还款方案，感化了这位势定乾坤、掌握放贷生杀大权的银行董事长，大笔一挥就审批了八千万贷款，一场及时雨来得正是时候，把他的心浇得甜滋滋的。

心烦意乱正在北京街头转悠的徐向东，听到喜从天降的天大消息后，在回宾馆的路上，他感觉轻飘飘地似乎要飞起来了。回到宾馆开了房间，也不记得怎么回去的，让他激动的一个人手把一瓶酒喝了个底朝天。从来很少流泪的徐向东，这一次哭了，别说男儿有泪不轻弹，只是拨动了那根动感的琴弦。谁说梅花不落泪，滴滴寒霜为谁醉？对他来说，这是一次重大的利好，在和鄂绒集团约定的二十天时间里的第十九天还上了借款，否则超出一天也是不可想象的，造成的损失绝对无法弥补。50%

的股份划归鄂绒集团，用现在资产算账，就是 4 亿元的资产完全属于鄂绒集团，而真正属于响沙酒业的资产已所剩无几。当时不想活的念头都有了，销售下滑，民间借贷催得也紧，逼得人无处可走，只恨这个世界太无情，而恰恰这拨云见天的八千万元贷款的落实，让他长长舒了一口气，让他有了振翅起飞的力量，企业就此也起死回生。此时的他，似一个坦途上的行吟者，用百灵鸟的歌喉又能尽情歌唱了。

朋友就是最大的生产力，人际关系会影响人的一生。美国前总统罗福斯曾经说过："成功的第一要素是懂得如何搞好人际关系。"卡耐基研究的结论是："专业知识在个人成功中的作用占 15%，其余 85% 取决于人际关系。"而作为老总的徐向东，最懂得人脉关系的重要性，他的骨子里就有仗义疏财基因的存在，他说："朋友是一生的财富，但财富不一定是一生的朋友。"因而，在遇见别人有困难时，他不会计较个人得失，随时帮助他人走出困境。人脉等于钱脉，关系就是实力，朋友是最大的生产力。同流才能交流，交流才能交心，交心才能交易，这是徐向东对人脉关系长期积累的彻悟。他在多年的实践中，学会了建立人脉关系、发展人脉关系、处理人脉关系、拓展人脉关系、维护人脉关系和升级人脉关系的方法。在聚集人脉资源上，徐向东深有感触，他说："人脉的汇聚，是长期积累的结果。第一要有好的人品；第二要讲诚信，用真情感动对方。寻常时期学会帮助别人，尽可能地多做力所能及的好事，久而久之，就会有人认可并帮助你，人脉就慢慢形成了。"

交心朋友靠得住，酒肉朋友不可靠，沧海横流方显英雄本色。关键时候的挺身而出，是检验是否是真朋友的试金石。在接手响沙酒业时，在处理库存积压白酒时，徐向东就是利用自己多年的人脉关系，他的一声呼叫，那些知心朋友闻风而动，像救火一样鼎力驰援，几天光景就把库存酒处理得一干二净，这是令徐向东想也没想到的一次惊人之举。

交一个真诚的人，会把你感动到哭，交一个有情的人，会为你拔刀相助，但前提是你必须真诚。响沙酒业在研制五粮清香酒成功后，徐向东找明星代言时，他选中了从鄂尔多斯走出去的歌唱家腾格尔。他专程去北京和腾格尔商议具体事宜，签订了三年代言合同。

晚上，热情好客的腾格尔招待了他。在酒酣耳热之际，徐向东提议酒时说道："十分感谢腾哥的热情款待，咱们兄弟相处，你已经很给面子了，腾哥能给我这么大帮助，我十分感激。我也是一个很懂感恩的人，人在做，天在看，我在做企业的同时，也为社会办一些好事。2000年，我收养了两个可怜的儿童，母亲小儿麻痹，被冻死野外，父亲是个盲人，我把他送到了养老院，孩子一直培养到大学毕业。"

腾格尔听了他的善举，一时心潮澎湃，高兴地一下子站了起来，说道："咱们弟兄第一次打交道，没想到你有如此的大爱之心，做了这么多感动人心的事，哥全力支持你。作为一个年轻人，你是鄂尔多斯的骄傲，我支持你做公益事业。"

第二年，按照约定时间，徐向东去办理代言事宜。晚上吃饭时，他向腾格尔介绍说："你有爱心，兄弟我也得做一点表率，我为达旗的环卫工人送温暖，每年给他们20万元的纯粮酒，让他们痛痛快快过个好年，他们喝起来也放心。"性格豪爽的腾格尔当即表态："第三年的代言费你拿出来做公益事业吧。"他乡遇知音，本身就有说不完的话。而听了腾格尔掏心窝子的肺腑之言，使徐向东心花怒放，热血沸腾。作为老乡的腾格尔，他不仅是一位名人和兄长，更是一位德艺双馨的艺术家。就是在和腾格尔的交往中，让他知晓了人性中的光芒。

三年的代言费交了两年的钱，而且还是打了折，这是徐向东始料不及的事情。注重感情比生命都重要的徐向东，对《孟子·离娄下》深有研读，特别对其中的"人敬我一尺，我敬人一丈，敬人者，人亦敬之；不敬人者，当以其人之道还治其人之身"的名句，让徐向东感同身受。他认为，腾格尔是一个绝对可交的朋友，作为一个蒙古族汉子，他不仅是一个重情重义的人，而且是一个可尊可敬可交之人。在金钱面前最能看出一个人的境界高低，有的人平时说得豪言壮语口若悬河，但在金钱面前一下子变味了，伪君子的真面目暴露无遗，连伪装的道具也自动脱落，成了赤裸裸的两面人，不是腿软就是嘴短，语言变得吞吞吐吐闪烁其词，人间万象赤裸在光天化日之下。而腾格尔和徐向东同为生长在鄂尔多斯的汉子，有一样豪爽的性格，一样的黄河水滋养，黄河不仅赋予他们豪情满怀，也赋予他们做人做事的大格局。君子之交淡如水，一次交情成为终身朋友，不离不弃。就此，徐向东也把这份情牢记心间，他每年都把上乘好酒捎给腾格尔，是他作为朋友的诚挚承诺。而作为朋友的腾格尔，只要回到鄂尔多斯高原的家乡，再忙也要抽空看望他的小老弟徐向东，在响沙蒙古大营一起吃手把肉，一起喝家乡的响沙美酒，一起载歌载舞吟唱《马兰花》。哥们儿就像《鸿雁》所唱的"酒喝干再斟满，今夜不醉不还"那样，一醉方休方才算尽了地主之谊，弟兄之情。

一个有眼光的企业家追求卓越创造辉煌，是其毕生的奋斗目标，徐向东就是这样一位智慧超群、胆识过人的企业家。他不拘于过一个普通人平静地生活，他天生就是一个挑战者，他宁愿怀揣梦想战死在疆场，也不躺在席梦思床上，过着恬淡平庸的生活。他认定的路就挺着胸膛走下去，即使站着不能走下去，也要有跪着走下去的决心和毅力。徐向东始终把自己定位为"为民服务的孺子牛、创新发展的拓荒牛、艰苦奋斗的老黄牛"，这种高尚的"三牛精神"，不仅在他的身上完美体现，还有超越和发展，他不仅在埋头苦干，还在抬头看路；不仅脚踏实地，还在仰望星空，这就是一个真正企业家的襟怀和人生定位。

一个以产品刷存在感的制造企业，必通过两个关口的验证方能通行。一个是省级的"老字号企业"证书，三十年风雨兼程经营顺遂的企业即可申请；另一个是"驰名商标"，国家论证发放，门槛相对较高。两个证书的取得，就是一个企业无声的广告，这是制造业走下去的基础门槛。

从 2003 年接手响沙酒业时，徐向东就酝酿着在人生的大舞台上，不仅要唱响出征曲，还要迎来凯旋歌。他带领响沙人精益求精创新发展，开创出一条大道至简的"响沙之路"，既在"老字号"上下功夫，又在"驰名商标"上做文章。经过徐向东和他团队的不懈努力，响沙酒业的蛋糕越做越大，喜讯不断传来，2012 年一年之内，响沙酒业获得了前所未有的大丰收。年中，响沙酒业集团经严格的考核程序，被内蒙古商务厅认定为首批"内蒙古老字号"企业；年末，又被国家工商总局认定为"中国驰名商标"。一年之内，取得两项荣誉称号确非易事，彰显了响沙人的精神风貌和荣誉至上的不懈追求。

从 2015 年起，响沙酒业产业发展如火如荼，风生水起，每年都有新起色，三年上一个新台阶。响沙酒业以白酒生产这一核心产业为主导，现已形成以酿酒业为主体，围绕旅游产业的发展，涉足餐饮、住宿、养老等互推互动的产业多元化格局，多点开花，喜获丰收，生产、销售规模和市场竞争力进一步扩大，走多元化发展之路，形成了产业链条，正在打造响沙酒业这艘乘风破浪的"响沙号酒业航母"。

旗下产业响沙假日商务酒店、响沙蒙古大营、响沙敕勒川蒙古大营、响沙豪门盛宴，基础设施完善，服务功能齐全，现可同时容纳 1000 余人住宿、5000 多人就餐的大型餐饮、住宿等多元化的服务业。响沙酒业的产业各有特色，相互补充，协调发展。始建于 2008 年的响沙假日商务酒店，建筑面积近 2 万平方米，是响沙酒业投资 5000 多万元打造的一家以经营宴会、火锅为主，融汇各地特色于一体的大型宴会连锁企业。响沙假日酒店专注宴会十余年，拥有专业的礼仪团队，以专业的服务为宾客呈现经典宴会。公司始终秉承"服务至上，顾客至上"的理念，以创新为核心，改变传统的标准化、单一化服务，提倡个性化的特色服务，致力于为顾客提供愉悦的用餐服务；在管理上，倡导双手改变命运的价值观，为职工创造公平公正的工作环境，实施人性化和亲情化的管理模式，提升职工价值。

而真正体现蒙元文化的响沙蒙古大营、响沙敕勒川蒙古大营，一个坐落于鄂尔多斯高原的北大门，黄河南岸的米粮川，于2015年建成运营，建筑面积近20000平方米，是由响沙酒业投资1000多万元打造的具有浓郁民族特色的绿色生态酒店，是达拉特旗唯一一家经营正宗蒙餐的酒店。酒店以民族美食、民族歌舞、民族风情为载体，在传承蒙元文化，提升旅游接待水平，服务地方经济发展等方面发挥了重要作用。一个坐落于黄河北岸大青山脚下敕勒川的大雁滩，于2016年建成营运，大雁滩旅游景区采摘园，蒙古包点缀于蓝天绿地之间，四周果树环绕，环境幽雅，空气清新，集旅游观光、采摘体验、餐饮歌舞于一体，是响沙酒业精心打造的又一处特色民族风情园，是包头市土默特右旗首家高规格民族特色餐饮企业。

两处蒙古大营遥相呼应，返璞归真，尽享蒙古族风情的人间美餐。响沙蒙古大营北望巍巍挺拔的大青山，正如呼斯楞的驰名歌曲《天下最美的草原》中唱到的"天下最美的风景，就是站在大青山巅"，这道风景的意象就是黄河南岸的鄂尔多斯草原和黄河北岸的土默特平原，这道风景就是夕照下以黄河为界的海海漫漫米粮川的达拉滩和风吹草低见牛羊的敕勒川。当游者赏尽了库布其响沙湾景区的奇沙异水、观尽了银肯塔拉世界第一敖包——银肯敖包之后，身披倦意返回达拉特时，住宿选在响沙假日商务酒店，客房的温馨让你陶醉。走出酒店，到了响沙酒业工厂，你可以尽情领略响沙酒业的酒文化。生产车间飘来酒香的热浪，让你知道"天赐响沙美酒，地蕴五粮精华"的神韵；当你走进敕勒川大地，赏尽了大青山美景，看够了风吹草低见牛羊的天野相接、无比壮阔的景象后，带着一身疲倦，走进响沙敕勒川蒙古大营，身着蒙古袍的美丽的蒙古族姑娘迎着笑脸向你走来，远古和现代的融合，让你仿佛走进了一代天骄成吉思汗的世界，喝响沙美酒，品人间大美景色。

2021 年，徐向东工作照

随着我国经济高速发展的强劲势头，人们的生活越来越富裕，消费观念也发生了重大变化，养生美容逐步走向了前台，响沙酒业顺应时代需求，2017 年在达拉特旗树林召成立了响沙宫养生美容中心，主要开展健康养生、生活美容、中医理疗等保健业务，为人们的养生美容提供了良好的场所，是出门在外的游客或本地人，在消闲时光提高生活质量的好去处，也是健康养生的发展趋势。目前，这一产业生意繁忙，顾客盈门，业务红火。

2020 年 3 月，响沙酒业斥资近 5000 万元重装升级了响沙豪门盛宴，它坐落于鄂尔多斯市集商业、文化、金融于一体的东胜区中心地带，是一座豪华的大型商务酒店，内设 13 个无柱宴会大厅，同时配制大师级的音响设备和超清 LED 显示屏等硬件设施。酒店二楼蒙古部落传承蒙元文化，体验风土人情，设置特色蒙古包 16 个，高档雅间 14 个，配有 KTV、会所、儿童娱乐区、2000 平方米 4D 厨房，是招待贵宾、宴请亲朋聚餐的首选之地。

第十二章　红色引擎　凝心聚力

党的光辉不夜灯，照到哪里哪里明。

党建引领铸厂魂，不忘初心担使命。

中国共产党是一个光荣伟大的党，也是一个坚如磐石的党，更是一个攻无不克战无不胜的党，是顾全整体利益的党，也是使命担当的党。跟着共产党走，是我们唯一正确的道路，狠抓党的建设就抓住了根本。一家民营企业把党建工作写入企业《章程》，当作议事日程来抓，而且始终抓在手上，一抓不放，抓出了成效，这在为数众多的民营企业中走在了前头，这家民营企业就是内蒙古响沙酒业有限责任公司。

2021 年，响沙酒业斥资 1500 万元，为建党百年献礼和响沙酒业五十周年大庆大兴土木，对响沙假日酒店、响沙蒙古大营进行了改造升级，并打造了近 3000 平方米的"响沙党建文化馆"，向世人开放。响沙党建文化馆全面展示中国共产党百年发展的光辉历程和达拉特旗革命先驱的光

2022 年，旗委书记张秀玲在响沙酒业视察

辉业绩，引导企业及党员深入开展党史学习教育，同时展示响沙酒业走过的五十年历史，从艰苦创业到走向辉煌的发展历程。展馆上篇"奋斗百年路，启航新征程"，主要讲述中国共产党百年史和达拉特旗革命斗争史，下篇"风雨五十年，再攀新高峰"，主要讲述响沙酒业特色党建及企业文化。

响沙党建文化馆的建立，是响沙酒业人擂响了承前启后的战鼓，也是响沙人迈开了继往开来的铿锵脚步声。

响沙酒业党委的前身是响沙酒业党支部，成立于2003年7月份，这一年是徐向东挑起响沙酒业这面旗帜的第一年，也是他第一次担任党支部书记战斗在商海中遨游的第一年。经过数年的不懈努力，响沙酒业党组织不断发展壮大，经济效益也在稳步提高。2010年5月，顺应产业发展，党员人数的增加，响沙酒业党支部升格为党委。响沙酒业党委下设三个党支部，分别是：行政党支部、生产党支部和酒店党支部。

到2021年7月，响沙酒业共有党员57人，各部门、各车间实现了党员全覆盖，高层管理团队中党员占90%，中层管理团队中党员占30%，技术团队中党员占60%，党员冲锋在前，引领在前，在各部门各环节起到了真正的带头作用，党的建设和作用发挥，走在了非公企业的前列，是达拉特旗非公企业的一面红旗，充分凸显了党组织和共产党员在企业生产经营中的核心地位和先锋模范作用。

响沙酒业党委实行一元化领导，党委书记、董事长由徐向东一人担任。响沙酒业从建立党组织以来，从书记到普通党员，牢记党的使命，践行党的宗旨，敢于担当，工作冲锋在前，职工的凝聚力发生了巨大变化。用徐向东的话说就是："自从有了党支部，工作担当赛如虎；自从有了党支部，经济效益迈大步。"

2021 年 8 月，徐向东向旗委副书记、政府代旗长王小平一行介绍响沙酒业党建文化馆情况

　　火车跑得快，全靠车头带。一个单位重不重视党建，如何抓党建，关键在于一班之长，而响沙酒业董事长徐向东就是一个注重抓党建的企业领导人，他是一个把精神和信仰当作生命一样重要的人，他的口号是：永远跟党走，共创新响沙。他不是把党建工作说在嘴上，浮于面上，而是重锤击鼓抓党建，实实在在抓落实，竭尽全力恪守自己的承诺与义务，而且步稳行笃无怨无悔。他常以"上梁不正下梁歪，中梁不正倒下来"来教育职工和勉励自己。他是这样说的，也是这样做的，作为民营企业的党委书记和董事长，徐向东在任何场合都在强调党建的重要性，把职工的思想、行为框定在制度范畴之内，以执行制度为准则，引导党员将权利和义务放在工作的首位，组织工作顺畅了，企业的各项指标也就水到渠成，顺势而为。

　　山不在高有仙则名，水不在深有龙则灵。这个所谓的"仙"和"龙"就是好的班长、好的领军人物。一个企业要想有活力有发展，关键在于领导的思想高度，做事的态度。领导的格局，决定着员工的格局，直接影响着企业的产出和效能。向来对于神佛不以为然的徐向东，反而对佛家的"心善则美，心真则诚，心慈则柔，心净则明，心诚则灵"的话深信不疑，这个世界上从来没有免费的午餐，也从来没有不劳而获的天上掉馅饼，而只要把真情投入了，把人生放在事业天平上称量，这个世界就不同凡响，柳暗花明总会出现意想不到的收获。响沙酒业的徐向东，在工作上要求职工做到的事，首先自己必须以身作则，起到模范带头作用。他围绕企业的经营宗旨做文章，对待自己谦虚自律，对待同事尊重沟通，对待客户诚实守信，对待工作务实高效，对待专业精益求精，对待竞争创新求变，对待社会勇于奉献。以此为基点，全体职工同心同德，集思广益，把员工和企业融为一体，形成了职工企业命运共同体，使响沙酒业迅速壮大了起来。

2021 年，自治区关工委常务副主任王维山到厂参观指导

响沙酒业党委自成立以来，按照"围绕发展抓党建、抓好党建促发展"的工作思路，坚定不移夯实党在非公企业的基础，始终坚持中国共产党的领导，团结带领全体党员及职工，努力践行"五心"党建发展思路。即：抓好非公党建，就是履行企业责任的初心；抓实非公党建，就是助推企业管理的重心；抓牢非公党建，就是保障企业运营的核心；抓活非公党建，就是构筑企业文化的圆心；抓强非公党建，就是促进企业发展的信心。响沙酒业提出的"五心"党建在企业运行中不仅抓的"好"、抓的"牢"、抓的"活"、抓的"强"，使党的建设立竿见影抓出了成效，企业的效益也上了新台阶。他们在企业内部积极开展"创先争优"活动，以企业党组织和党员发挥堡垒先锋作用为重点，全面加强领导，完善制度，创新方法，互促共赢，响沙酒业党建工作和企业发展双双步入了健康发展轨道，走出了一条非公企业党建工作的新路子，为构建和谐响沙、绿色响沙、幸福响沙的百年企业，抱团取暖奉献人生，尽心竭力创造辉煌。

响沙酒业党委始终将党建工作与企业发展融为一体，把加强党的政治领导与把握企业经营方向有机统一起来，把提高企业经济效益与提升党建工作效应有机统一起来，牢牢把握党建工作统领全局的主基调，充分发挥党委的领导核心作用和政治核心作用。以党建为重要抓手，把握企业航船的方向，深入推进公司党建工作有序开展，将党的领导和党建工作融入每个部门、每项工作，不断加强党的组织建设、队伍建设、制度建设、思想建设，引导和带领党员干部依法办事，履职尽责，牢固树立政治意识、大局意识、核心意识、看齐意识。立足本职工作抓党建，凝心聚力促发展，引领公司全体党员及职工不忘初心、砥砺奋进，竭尽全力将响沙酒业做实、做精、做大、做强，体现出了党组织的号召力、凝聚力与战斗力。

通过不懈努力和真抓实干，响沙酒业公司党建带来的红利显露无遗，党建激发了公司的活力，党建增进了企业的实力，党建彰显了响沙酒业的魅力。响沙酒业党委以创新的经营理念，科学的管理模式，诚信的做事原则，绿色的产业定位，演绎了一部追求卓越、奉献社会的经典传奇，在企业发展进程中起到了推波助澜的作用。

2021年，鄂尔多斯市人大常委会党组成员、副主任、总工会主席赵飞录
来厂参观指导工作

发展同商，集体议事。响沙酒业党委把加强非公企业的党建工作，确保党的路线方针政策在企业全面贯彻落实，作为企业生存、发展的根本保证。他们始终把党建工作摆在重要位置，紧抓在手，着力加强党委班子建设，实行党委班子成员与行政领导班子交叉任职，公司总经理李建军兼任党委副书记、行政党支部书记；公司副总经理侯利刚兼任生产党支部书记；公司副总经理边源兼任酒店党支部书记职务。通过党委和行政的交叉任职，公司的党务或者行政事务，一次会议就可统揽研究，作出决策，直面主题少走弯路。大到公司发展规划、经营决策，小到生产调度、人事任免，都由公司党委和行政领导班子共同研究、共同决策、

共同落实，党务、政务一竿子插到底，协同发展，不推诿更无扯皮现象。

共产党员永远不同于普通老百姓，任何时候都是冲锋在前，他们自然付出得最多，也得到了相应的回报。为此，响沙酒业党委为激发全体党员干事创业的积极性，充分发挥党员真正地凝心聚力，起到带头模范作用，充分体现奉献与回报同步的原则，从2016年开始，公司党委对每年评选的优秀共产党员，像对待劳模一样，给他们送去鼓励和奖励，每人每月增长工资300元，评选出的优秀党务工作者，每人每月增长工资200元，全体正式党员每人每月给予100元党员生活补贴。这种独创的激励机制在中国民营企业中是为数不多见的，充分体现了响沙酒业党的阳光温暖照耀和雨露滋润，党员的作用和形象在群众中高大了许多，党组织就是人们尊崇和敬仰的神圣之地。

一名党员就是一面旗帜，一枚党徽就是一份责任。在"我为群众办实事"实践活动中，响沙酒业广大共产党员亮身份、树形象、践承诺，以枝叶总关情的民本情怀和实干拼搏的毅力韧劲，让党旗在响沙酒业高高飘扬。为充分发挥党员对其他职工的模范引领作用，公司党委提出了"三点一线"工作要求：解决问题快一点、服务保障多一点、用心做事细一点、带头实干到一线。在公司党委的坚强领导下，在全体党员的示范带动下，公司全体职工上下一条心，始终坚持"三点一线"工作要求，凝心聚力，职工活力显著增强，工作热情高，热心服务不拖沓，社会效益和经济效益不断提高。

抓党建、促发展、强党性、当先锋，为党旗争辉，是响沙酒业又一党建示范品牌，彰显了响沙酒业人核心价值观的具体体现。发挥制度优势，彰显民生温度。如果有人掉队或达不到党员的标准，公司随时做出调整。公司党委要求所有党员上班期间必须佩戴党徽，亮明身份上岗，把党的恩情铭记心中，作为一项硬性制度，由专人督查，严格考核，一个月内如发现两次以上未按要求佩戴党徽，则取消当月党员补助。通过党员的示范和引领，进一步增强党组织凝聚力和向心力。

制度是用来规范人们的不良习惯，不是刻意捆绑人们的某种行为，在制度的框定下，响沙酒业人按照制度行事，已是他们追求的目标。党员带头冲锋陷阵，引导群众干，有活大家抢着干，办实事，办好事。他们率先垂范，上班努力工作，业余时间帮助企业打扫卫生，进行环境整治、生产整改，干出了业绩，起到了先锋模范作用；党员带领员工干，干出了不少业绩，工作学习两不误。学习考第一，工作干优秀，下班学习，上班认真工作，一批积极分子、优秀党员不断涌现，形成了先进引领，中间奋进，后进赶超，全体职员快马加鞭共同前进的良好局面。如今要求加入党组织的职工越来越多，每年写申请请求入党的职工有十几人。党员中"向我看齐"和群众中"向党员靠近"已成为一种氛围和趋势，党员积极分子在公司的各条战线上不断涌现和成长，在2021年庆祝中国共产党建党一百周年之际，响沙酒业又有七名职工光荣地加入了中国共产党，这是一个民营企业创新做法所引发的立竿见影的效果。

响沙酒业公司在成立时，就建立完善了相关党建和企业管理的规章制度，董事长徐向东提出了"制度大过董事会，流程大过总经理"的工作准则，为了打造真正的百年老店，使基业长青，一切从长远出发，确保党员在推进企业现代化管理中发挥积极作用，引导党员做精准营销的明星、精益生产的标兵、精细管理的骨干、精品研发的先锋。重点培养重要岗位和生产、销售一线骨干，着力把技术骨干培养成党员，把党员培养成技术骨干，把党员中的技术骨干培养成企业高层管理人员，着力打造一支能征善战永葆青春的企业精英团队。

响沙酒业党委的三个党支部主题党日活动，必邀请公司环节以上干部和优秀职工同时参与，使主题党日活动丰富多彩，务实有效。采用多元化活动形式，在全体党员中开展"不忘初心，牢记使命"主题教育活动，树立感党恩、听党话、跟党走的意志和决心。他们走出企业，走向大自然，走向灵魂深处，接受感党恩的洗礼。以"红色基地忆党史，不忘初心跟党走"为主题，联合帮扶村——中和西镇官井村和乌兰计村党支部，一起到红色革命根据地开展主题党日活动，做到了企民共建，红心向党。

心中有信仰，肩上就有担当，脚下就有力量。为建设服务型党群组织，引导全体党员和职工积极践行社会主义核心价值观。从 2019 年 7 月开始，党委书记徐向东针对公司运营实际，提出了《党群先锋队实施方案》，在公司上下广泛开展"党群先锋队"服务活动，把党员化整为零，以全体党员为先锋，带动公司全体职工，掀起党群工作新热潮，切实形成同向发力、统筹推进的工作氛围。党群先锋队以"一名党员 + 若干职工"组建而成，响沙酒业共有 30 支党群先锋队，队名分别以公司产品名称命名，把产品质量和荣誉放在职工心中。比如："响沙贡"党群先锋队、"响沙王"党群先锋队、"响沙敬"党群先锋队，等等，既扩大了产品的知名度，又彰显了响沙酒业的凝聚力，把公司当作家，把个人荣誉与企业紧紧地联系在一起。党群先锋队在工作之余有计划、有步骤、分层次地组织开展有意义、有价值的服务活动，服务内容可以是上级部门分配的志愿服务活动，也可以是社区组织的结对帮扶或公司内部职工间困难帮扶、节日慰问等积极向上、充满正能量的有意义活动。围绕在职党员进社区活动的开展，全体党员到所在社区报到，积极主动地参与到区域化党建工作中，参与所在街道、社区组织的"献爱心送温暖""节庆联谊""结对帮扶"等相关志愿服务活动。比如：帮助环卫工人一起清理社区环境卫生，为养老院老人理发，无偿献血，参加义务植树，通过弘德公益组织为四川大凉山等贫困地区捐赠衣物，自掏腰包购买生活用品，走进养老院慰问老人等活动。这一行动年年开展，坚持不懈，从不中断，而且不拘一格，形式多样，各种活动既活跃了党群先锋队的活动，又为群众办了实事。

响沙酒业党委每支"党群先锋队"每月至少开展一次有意义的活动，一年内总数不得少于十二次。为了使党员先锋队有一种荣誉感、责任感，公司党委制作了"党群先锋队"流动锦旗，颁给那些表现突出的"党群先锋队"。在公司党委的鼓励和指导下，各个"党群先锋队"之间，自照镜子，自加压力，冲锋在前，比学赶帮气氛浓烈，涌现出一大批能够拉得出来、用得上的精英"党群先锋队"，为增强公司党组织战斗力注入了新鲜活力。响沙酒业坚持以"党群先锋队"为抓手，着力探索、实践基层服务的新模式，培养出一批党性觉悟高、联系服务群众能力强、热心参与社会活动的优秀党员和优秀职工，不断增强党群先锋队服务群众和引领发展的意识，让"党群先锋队"成为响沙酒业又一张亮丽名片。

响沙酒业党委对党员的学习十分重视，要求所有党员通过"学习强国"APP平台学习相关知识，提升自身素养，每天学习积分不低于30分，每月学习积分不低于900分，如未按要求完成学习积分任务，则取消当月党员补助。

响沙酒业公司党委及各支部严格执行党组织联席会议制度、党委理论学习会议等制度，每个党支部每半月至少组织党员学习一次相关党务知识，党员在学习中不断提高自己，党员把企业当成了自己的家，主人翁意识不断增强。响沙酒业通过党委书记讲党课、支部书记讲党课、党员领学、外聘专家讲学、外出考察学习、赴红色革命教育基地参观、升国旗、唱国歌等方式，让党员时常接受党性教育，提高党员的政治素养，在工作和日常生活中做出表率，形成了较强的战斗力和凝聚力。公司党委号召和引导全体党员和职工将学习作为一种生活方式，既要向书本学习相关理论、原理知识，又要向社会、能人、同事学习工作技能和实践经验，锻造精进的实操技术，努力让自己成为岗位上的行家里手。

"七一"宣誓组织党员重温入党誓词

公司党委在每年七一召开的全体党员大会上，组织开展党员应知应会党建知识测试，起到了学以致用举一反三的效果。同时还举行一些趣味性的党史知识学习活动，激发党员的学习热情和工作热情。公司党委对学习成绩排名靠前的党员和职工给予表彰奖励，激发大家自发学习的动力。学习活动开展以来，党员严格按照要求学习相关内容，引领公司全员学习热潮。同时，带动一批非党职工也积极参与学习，取得了良好的效果。党委所辖的各支部每年都要召开民主生活会，不走形式，不走过场，开出了特色，开出了精彩，开出了气势，找出了不足，结出了硕果。

响沙酒业党委还精心设计了一面"团队幸福墙"，是鼓舞团队精神，激励工作斗志的励志墙，就是旁观者目睹了也会有所触动。这面墙是上、左、右形成一个相框，相框中间是"幸福"两个字。框的上方赫然写着："幸福是奋斗出来的"，相框的左右两边分别是："团队有力量""未来有希望"。而最有深意的是，"幸福"两个字是由具有五年以上工龄的响沙酒业的职工相片粘贴而成，体现了公司对老职工的肯定和鼓励。在团队中个个争先恐后，人人争当模范，谁也不愿垫底掉队。

职工在上班电梯打开的第一眼就看到了"团队幸福墙"，让职工荣誉感和幸福感以"墙"明鉴，让人对照，争当模范。

七一表彰会

为充分发挥党员的模范带头作用，激励广大党员以更加奋发有为的精神状态，争做岗位标兵，争创先锋模范，在每年的七一，响沙酒业党委都要评选优秀党员、优秀党务工作者，对有突出贡献的党员予以表彰奖励，对未按要求完成服务工作的队伍，队伍中的党员则取消下一年度的党员补助和优秀党员奖励。公司党委引导全体党员以先进为榜样，虚心向先进学习，努力向先进看齐，学习他们勤奋敬业、无私奉献的精神，形成共同发展的意识。这一形式作为一种制度，把向前看齐当作一种责任和使命进行维护、拓展，在公司全体党员中达成了共识，汇聚成一股热情高涨、充满活力的正能量。在全体职工的共同努力下，现在公司的厂区已经建成花团锦簇、绿树成荫的幸福花园，把车间和办公室装点成窗明几净、一尘不染的家一样，使响沙酒业的战斗力、凝聚力得到彰显，一个充满朝气和活力的民营企业，迎着朝阳走在光明大道上。

多年来，响沙酒业党委每年组织一次基层党组织主题日活动，采取形式多样的方式，把主题日活动搞得丰富多彩，到西柏坡、冉庄地道战遗址、白洋淀等红色教育基地，感受中国革命的艰难险阻，感受幸福生活的来之不易，达到学史明理、学史增信、学史崇德、学史力行，真正树立感党恩、听党话、跟党走的信念，让红色的旗帜在每个党员的胸中永远飘扬。

2020 年在建党 99 周年的时候，响沙酒业党委组织党员赴达旗燎原博物馆开展主题党日活动。这家博物馆是民营企业家周燎原一手创办的。周燎原是达拉特旗从事锅炉制造销售的一位民营企业家，他从二十岁开始，利用周日休息之际，深入乡村、古玩市场淘宝，把自己创业所得几乎全部投入到古旧物品上，栉风沐雨，一干就是近四十年。他慧眼识珠，精品、珍品应有尽有，是一位资深的收藏家。周燎原展馆展品种类繁多，丰富多彩，琳琅满目，穿越世纪风云，古朴典雅，洋洋大观，上至古钱币，下至粮票、证书、农耕机具演变、日寇侵华罪恶见证、红色革命遗物等上万种收藏，是一处红色的教育基地，让人一睹为快，不仅能够大开眼界，也具有深刻的教育意义，陶冶情操，不忘初心。

2021 年建党 100 周年之际，响沙酒业党委组织党员赴呼和浩特市乌兰夫纪念馆和乌兰夫故居等地开展主题党日活动，通过观看我党我国卓越的领导人乌兰夫的革命一生，树立伟大革命理想，对铸牢中华民族共同体意识有着重要的意义。

一个人如果找到了前行的路子，就能走向光明大道；一个企业如果找到了腾飞的良方，就会走出一片新天地。响沙酒业党委凝心铸魂的"五力"党建，如源头活水情深似海，引领企业大步前进，一路高歌。在多年狠抓党建工作的实践中，响沙酒业党委书记兼董事长徐向东，尝到

2021，庆祝建党100周年主题党日活动

了抓党建助推企业高质量发展的甜头，他作出了抓好党建就能保证企业的"生命力、竞争力、创新力、生产力、凝聚力"的结论。党建工作做久了就有很强的"生命力"。响沙酒业坚持以政治建设为统领，把党的领导贯穿企业发展整个过程，保证企业沿着正确的政治方向稳步发展。党建工作做强了就是"竞争力"，他们以职工需求为导向，搭建服务活动平台，为职工办实事、解难题、做好事，发动职工、组织职工、凝聚职工，增强企业竞争力。党建工作做好了就是"创新力"，他们全面提升党组织的组织力，扩大党的组织覆盖和工作覆盖，依靠严密的组织体系和纪律，影响带动职工，统一思想、统一行动，促进企业快速发展。党建工作做实了就是"生产力"，通过加强培训学习，提升队伍素质，加强思想建设，保持队伍先进。党建工作做细了就是"凝聚力"，坚持传播红色文化，弘扬正能量，发出好声音，扩大党建影响力，创出品牌、创出特色，树立响沙酒业良好形象。"五力"党建像一股春风吹来，吹出了响沙酒业的事业蒸蒸日上；又像一股涓涓细流，滋润着响沙酒业朗朗乾坤。

第十三章　文化兴企　敬仰传承

文化传承企业兴，源远流长力无穷。

实干兴业唱大戏，欢歌劲舞职企赢。

响沙酒业党委始终坚持企业党建与企业文化、企业生产经营融合推进，注重企业精神培育，致力于培育以人为本的管理文化、敢闯敢试的创新文化、实干兴业的敬业文化，筑牢质量第一、安全至上的发展理念，树立热心公益、奉献社会的良好形象，为企业发展注入了精神动力。公司党委结合企业生产经营的实际部署和开展活动，增强了党员的认同感和归属感，形成了浓厚的企业文化氛围，构建起响沙酒业党委这座动静渗透、虚实结合的精神大厦，为公司科学发展、跨越发展汇聚了强大的正能量。在文化建设上，响沙酒业党委始终外联内引，促进企业文化的发展与提升。

一个地标，就是瞭望的方向；一个起点，就是奋斗的导航。一个人缺少文化的培育，心灵就是一片荒原；一个企业缺少文化的滋养，就像人体缺失了钙一样软弱无力。

响沙酒业从长远战略出发，为了加强企业文化，提升职工昂扬奋发的斗志，特请声乐名家为企业创作了厂歌《响沙千里一壶酒》。这首歌歌词朗朗上口，寓意深刻，气势恢宏，大气磅礴，唱出了响沙人的艰苦创业的精神和不懈追求。响沙酒业公司规定，每月第一个星期一，公司组织全体职工开展升国旗、唱国歌仪式，升旗手和护旗手由两名党员轮流担任，升旗仪式结束后，全体党员领唱、全体职工合唱响厂歌《响沙千里一壶酒》。同时在每年的七一表彰、年终总结、大型活动、外出学习考察等活动中，响沙酒业除了举办例行的仪式外，必唱《响沙千里一壶酒》这首歌，让全体党员和职工树立爱企如家与企兴我荣的信心和决心，培养知恩图报、感恩社会的情结。

文化的力量是无穷的，企业文化是企业发展的原动力和精神催化剂。文化的发展与积淀，对于一个个体的人十分重要，而对于一个企业更是须臾不可离开，如同心脏起搏器一样。在企业按照既定目标不断奋进的同时，响沙酒业不仅时刻关注着企业文化，而且紧抓不放，取得了巨大成功。实践证明，企业文化提升了，企业的效益也会得到提升。

从 2016 年开始，响沙酒业每年都要举办一次公司厂家联谊会和感恩客户答谢会。通过与厂家和客户举办大型联谊会，面对面的沟通与交流，增进了双方的友谊，拉近了感情，既是一年一度的总结会，也是一次产品推荐会。通过这样的活动，不仅能加快企业发展速度，还能拉近厂家与客户的距离。

2017 年 7 月 12 日，响沙酒业邀请中央电视台《神州大舞台》栏目组，在达拉特旗体育场举办庆祝内蒙古自治区成立 70 周年群星演唱会暨响沙酒业杯精准扶贫和酒窖文化启动仪式。此次活动，明星荟萃、星光璀璨、流光溢彩、欢歌劲舞，为达拉特旗带来了一场美的视听盛宴、文化大餐，轰动了鄂尔多斯；这一年，响沙酒业独家冠名赞助的"内大总裁班及企业家联谊会"在呼和浩特市成功举办；响沙酒业携手内大总裁教育中心首届杀猪论坛在达旗成功举办，把徐向东幼小时梦幻般的奢望，推向了舞台；也是这一年，响沙酒业被自治区工商局评为"文明诚信私营企业""全区先进私营企业"。

从这一年开始，响沙酒业每年都要举办一次独家冠名赞助的"内大总裁班及企业家联谊会"，并携手内大总裁教育中心每年举办一次杀猪论坛，作为一项庆丰收话发展的主题活动。

2018 年，"新秩序下区域酒企的新发展主题沙龙暨 2018 年清华大学酒业高级管理研修班交流联谊会"在响沙酒业举行；"全市个体私营经济组织党建工作现场观摩推进会"走进响沙酒业，观摩响沙酒业党委在党建工作中的做法与经验。

从 2018 年开始，每年的九月初九，响沙酒业约定俗成举办封坛大典暨"响沙酒业杯"摄影大赛，而且规模一届胜过一届，带来的影响力无与伦比。这个意义非同小可的"封坛大典"，是响沙酒业为纯净、透明一潭清水般的酒界，投入了一枚问路之石，溅起了源头活水的朵朵涟漪，让响沙酒业人惊喜，让酒业同行感叹。

2019 年，响沙酒业投资近千万元，对厂区基础设施、车间生产设备等进行了改造升级。这一年，响沙酒业携手网红小甜瓜举办了《携手共进共赢未来》新春演唱会，取得了巨大成功。

2020 年，响沙酒业与内蒙古盛祥国际旅行社签订酒旅融合项目合作协议，全国各地甚至世界各地与盛祥国际旅行社签约前来鄂尔多斯响沙湾、恩格贝等地的游客，食宿响沙假日酒店，以游览的方式参观响沙酒业酿酒生产线；响沙酒业被评为支持达拉特旗乌兰牧骑事业发展先进集体。

2020 年 11 月 6 日，响沙酒业在成功举办了"以传承酿酒文化永铸响沙品牌"为主题的第三届封坛大典暨第三届响沙酒业杯摄影大赛的基础上，又增添了响沙酒业杯书法比赛。从此，每年举办一次封坛大典暨响沙酒业杯"摄影大赛"和"书法大赛"。

响沙酒业举办的这次封坛大典系列活动，是历年来举办的最为隆重的一次活动，从邀请嘉宾的档次到来宾的数量，打破和刷新了历次活动记录，也彰显了响沙酒业从成长到腾飞的不凡历程，也证明了响沙酒业的品牌价值和号召力。此次活动由参观厂区、书法比赛、摄影大赛、祭祀仪式、封坛大典、答谢午宴、网红演出等七部分组成。内蒙古酒业协会秘书长张九如、内蒙古轻工科研所高级工程师张秀英以及来自全国各地的商界精英、专家学者、酒业同仁、媒体记者及广大藏酒爱好者共 600 余人，参加了此次封坛盛会，共同见证了开坛十里香的梦幻奇迹，共同体验了经典而又古老的白酒窖藏文化。

封坛典礼上，在达拉特旗公证处公证员的现场监督公证下，与会领导上台共同品鉴、封藏了 9 坛响沙酒业 2020 年新粮秋酿原浆酒。秋酿新酒自然而然蕴含了秋之实的特质，酒体灵韵天成，最适合封藏。现场收藏环节，众多消费者收藏了响沙窖藏原浆酒，签名后储存至响沙酒窖，让时间见证醇香、厚重、神韵、大气与美好。

在封坛典礼现场，响沙酒业党委书记、董事长徐向东对参加庆典的各位嘉宾表示热烈的欢迎。他说，响沙封坛酒封藏的不仅仅是一段时光，更是背后对酒祖造酒文化的敬仰和传承，承载着岁月的沉淀及响沙人的荣耀和梦想。响沙人怀着敬畏之心，以匠人之技打磨产品，以匠人之心雕琢品牌，将岁月积淀与文化传承融于美酒，静待时间的打磨、岁月的典藏，将厚度、醇度、器度集于一身，最终成就一份佳酿，通过封坛大典让各界朋友与响沙酒业共同见证响沙酒的积淀、成长和坚守的工匠精神，酿造高品质纯粮酒的决心与信心。

内蒙古自治区酒业协会秘书长张九如对响沙酒业封坛大典给予了充分的肯定与赞赏。他指出，响沙酒业封坛大典的举行，不仅全面展现了响沙酒业精湛的酿造技艺、虔诚执着的酿酒精神和博大深厚的文化根基，还积极传达出在整个行业遇冷的大环境下，企业积极自信的多元化战略发展布局，在传承古酒文化和技艺的同时，更需要这种创新的营销思路和思维去迎合今天的市场需求。

内蒙古轻工科研所高级工程师张秀英向与会嘉宾介绍了响沙五粮清香酒的由来、特性及收藏窖藏原浆酒的好处，盛赞五粮清香酒的至真至纯至美和它的无穷魅力。

122

此次封坛大典，响沙酒业限量推出窖藏三年五粮清香原浆酒、窖藏三年单粮清香原浆酒以及窖藏九年的庆祝新中国成立70周年五粮纪念酒，一坛坛优质的封坛原浆酒将成为广大消费者寄托愿望、表达孝心、传情达意的最佳载体，在人生重要的喜庆时刻，与亲朋好友开坛共享，情在酒中，乐在其中。

2021年9月17日，"风雨五十年再攀新高峰耀世清香酒千载寄初心"响沙酒业庆祝建厂50周年暨第四届封坛大典在响沙酒业隆重举行。中国首届酿酒大师、中国白酒大师、中国白酒专家委员会专家、教授级高级工程师赖登燡，达拉特旗委常委、统战部长尚振飞，达拉特旗人民政府副旗长白国东，中国白酒评委、高级工程师、内蒙古自治区酒业协会秘书长姜文云，内蒙古轻工科研所高级工程师、国家一级酿酒师、一级评酒师、高级酒体设计师张秀英与有关部门及响沙酒业历任厂长代表李永贵、刘锁柱、高红社等领导出席活动，来自全国各地的商界精英、专家学者、酒业同仁、媒体记者以及广大藏酒爱好者共1200余人参加此次庆典盛会。

在响沙酒业建厂50周年之际，响沙酒业投资近500万元新建的占地面积近3000平方米的党建文化馆正式启动运营，成为全旗乃至全市、全区非公党建的示范标杆。与会嘉宾分批参观了响沙酒业酿造车间、灌装车间、响沙酒窖、党建文化馆。响沙酒业花园式生产厂区及厚重的企业文化给与会嘉宾留下了深刻的印象。

晚上，响沙酒业庆祝建厂50周年庆典晚会在响沙豪门盛宴隆重举行。响沙酒业董事长徐向东发表讲话，他指出，响沙酒业50年的发展历史，可以说是一部薪火相传史、励志图强史、市场寻路史、管理升华史、品牌筑梦史。50年来，响沙酒业既抓产量又保证质量的信念始终如一；50年来，响沙酒业为消费者酿造优质纯粮酒的初心始终如一；50年来，响沙酒业心存感恩、回报社会的担当与责任始终如一；50年来，各位朋友对响沙酒业的关注与支持，我们始终铭记在心，作为动力和源泉更加奋发有为。

达拉特旗委常委、统战部长尚振飞在庆典晚会上致辞。他指出，响沙酒业作为本土民营制酒企业，从几间砖瓦房到 7 万多平方米的大酒厂，从几位酿酒师傅到经验丰富的酿酒团队和几百名员工，历经半个世纪的沉淀积累和发展壮大，成为全旗、全市乃至全区白酒行业的佼佼者，得到了旗委、政府的肯定，赢得了社会各界的赞誉。响沙酒业的发展奋斗历程一定程度上代表了达拉特本土民营企业的发展历程，一定程度上反映了达拉特民营企业家百折不挠、艰苦奋斗的干事创业精神，一定程度上体现了达拉特民营企业家饮水思源、回报桑梓的企业家精神。达拉特旗委、政府将一如既往地支持民营企业发展，全力以赴优化营商环境，不遗余力做好服务保障。

响沙酒业 50 年的发展，离不开一代代响沙人的无私奉献，更离不开一任又一任老厂长的辛苦付出，历任厂长代表李永贵发表了感言，他深情回顾了老酒厂的发展历程，感慨响沙酒业今天的发展成果令他十分欣喜和震撼，同时也对企业未来的发展表达了美好祝愿。

在晚会现场，响沙酒业为全旗评选的 308 名优秀教育工作者赠送了价值 13 万元的响沙酒，再次为达拉特旗高考文科、理科前 3 名，中考前 3 名，每人赠送 20 斤已经窖藏三年、价值 3000 元的封坛原浆酒一坛。为全旗 842 名环卫工人赠送了价值 12 万元的响沙酒。这是响沙酒业从 2010 年开始，关爱环卫工人和环卫事业的活动已经持续了 12 年。

为庆祝建厂 50 周年，响沙酒业特邀原内蒙古军区文工团男高音歌唱家、音乐人梁虎威老师量身打造了 50 年厂庆歌曲《为响沙喝彩》，在晚会现场首推发布，由歌手梦梵、小甜瓜、高丽霞、哈日呼精彩献唱，歌曲威武霸气通俗流畅，尽显徐向东的创业风采及"好粮好水酿好酒，品质品味品人生"的壮志豪情。

（1）

日月把天地徐徐地拉开
圣洁的哈达向东飘过来
热情的沙漠敞开了胸怀
汇集成交响驰名于中外
黄河把圣地深情地灌溉
哺育出五谷向高原表白
酿造出琼浆把岁月更改
流淌出传奇醉满了沙海

喝彩喝彩为响沙喝彩
一路艰辛　一路豪迈
喝彩喝彩为响沙喝彩
迎接挑战　迎接未来

（2）

壮阔的蓝图徐徐地铺开
吉祥的云朵向东飞过来
五十年华载仍初心不改
与日月同辉与天地同在

喝彩喝彩为响沙喝彩
一路畅想　一路澎湃
喝彩喝彩为响沙喝彩
追逐梦想　追逐时代

晚会现场，响沙酒业特别邀请晋陕蒙及周边的知名演艺人员演绎了精彩的节目，为与会嘉宾献上一场精美视听盛宴的同时，更展现了响沙酒业独特的文化魅力，为 50 周年庆典这场文化盛会再添亮色，也为响沙酒业庆祝建厂 50 周年暨第四届封坛大典的成功举办画上了圆满的句号。

10 月 14 日，"建党百年、爱献夕阳红、情洒达拉特"弘源盛世餐饮公司关爱离退休干部茶话会在响沙豪门盛宴隆重举办，旗内各界受邀离退休老干部、老同志 630 余人出席活动。

签到现场，在响沙豪门盛宴一楼熙熙攘攘的人群中，有几道独特的风景展现在人来人往中。书法爱好者挥毫泼墨，激情澎湃；免费坐诊检查身体的白衣天使一丝不苟，化解心结；老艺人们的演奏和青年人的表演令人赞叹，鼓掌称绝。

茶话会前，老干部、老同志们参观了响沙酒业生产车间、酒窖文化中心、党建文化馆、酒祖展厅，详细了解了企业关工委工作开展情况和企业关爱"五老"人员、文化建设、市场开拓、公益事业等方面的经验做法。

茶话会上，全体人员起立奏唱国歌，大家一起观看了 1949 年《开国大典》影片，影视情节让人们回顾历史、了解国情，深刻感受到人民的爱国、军人的信念、祖国的强大。

响沙酒业董事长徐向东发表了热情洋溢的致辞。他指出：老领导、老同志是达拉特的功臣，曾经在各自的工作岗位上兢兢业业，艰苦奋斗，为达拉特的繁荣发展打下了坚实基础，做出了重要的贡献。他们有着丰富的社会阅历，丰硕的学术成果，宝贵的人生经历，是晚辈们永远学习的榜样和楷模。响沙酒业要开拓创新、拼搏奋进，做好产品、做强企业，为推进达拉特高质量发展贡献力量。

弘源盛世餐饮公司董事长边源在致辞中指出：尊重老人就是尊重中

华民族传统，多为老年人干实事、关爱老年人是我们的职责。这些年，弘源盛世致力打造爱心企业，累计为贫困学生和灾区捐款上百万元，我们将继续为全旗的餐饮行业和公益事业做出自己的贡献。

午宴上，弘源盛世餐饮公司的职工倾情为与会人员献上诗朗诵、唱红歌等精彩节目，企业职工三拜礼更是深深表达了对老干部、老同志的浓浓敬老情。

坚守传统工艺，紧跟时代步伐，推进酒旅融合，在响沙酒业封坛大典上得到了很好的阐释。酒文化已成为白酒行业未来发展的一个亮点，让消费者认识、认知、认同白酒文化，才能更好地认同白酒。响沙酒业在发展的道路上，不断探索和创新白酒文化的表达方式，让消费者从不同角度感受中国白酒的魅力，做好文化传承的传播者，做好匠心品质的坚守者，做精产品，做久产业，做强企业，谱写白酒产业新篇章。

如果将一个企业比作一棵浓荫冠盖的大树，那么企业的职工就是树干与树枝，而企业文化就好比大树的树根，它支撑着树木的茁壮生长。企业文化的关键是让员工知道企业为自己搭建一个展示人生价值的平台，能在平台上施展拳脚，奋发有为，在追求和实现梦想的同时，也在为企业的腾飞鼓劲加油。

了解一个人，必须走进他的内心世界；了解一家企业，必须走进他的厂房，甚至每一个角落。徐向东的内心世界和响沙五粮清香酒，构建起了他巍然挺立的人生大厦。

有什么样的企业领导人，就会有什么样的铺排。一个企业管理者的格局，决定着企业文化的发展方向。响沙酒业对于企业文化的重视由来已久，并不断得到加强。不说响沙党建文化馆把企业党建文化梳理得出神入化，不讲那一幅幅精美传神的图片、一段段如歌如诉的文字记录，对审视者视觉和情感的冲击，单从我们踏进响沙酒业厂区驻足观察，就能够深深感受企业文化气息的浓郁、厚重，整个厂区流溢着浓浓的文化气息。

　　走进响沙酒业厂区，抬头仰望，首先映入眼帘的是"自强不息，厚德载物"几个大字熠熠生辉。电动清扫机突突地来回走动着，把厂区清扫得干干净净。厂区道路整齐有序，工厂建筑错落有致，绿树成荫花团锦簇，干净整洁。一个个旧酒坛披红挂彩迎风肃立夹道欢迎，让人心情舒畅，连一生没有离开达拉特旗的人都难以相信，今天的响沙酒业让人刮目相看，新颜与旧貌完全是截然不同的两个世界，响沙酒业成为小城亮丽的景致。似乎如歌曲《愚公移山》所描述的"听起来是奇闻，讲起来是笑谈"。而面对响沙酒业的现实，陡然一转身便成了"讲起来那不是奇闻，谈起来那不是笑谈"。一家民营企业，能够严格按照规范程序进行，环环相扣，疏而不漏，从原料处理、出窖、配料和拌和、蒸酒蒸粮、入窖封窖发酵、储存与勾调的整个程序中，车间就像办公室一样，环境幽雅、窗明几净，除了机器的运转声，与行政办公室没有什么两样。从厂区的白酒生产车间、灌装车间到行政办公室的走廊墙面空隙处，到处张贴着设计精美、图文并茂的锦言励句专栏图版，关于爱党、爱国、爱企、爱家以及企业理念、人生价值等图板，内容丰富，琳琅满目，从企业的理念到精神层面，通俗易懂，言简意赅，抬眼望去，那些规范性的责任就进入眼帘，在头脑中翻滚、掂量，让人怦然心动，有种心灵震撼的感觉。这哪是一家工厂，完全是一处思想教育大讲堂和灵魂净化地，工人们一锹一锹处理原料，动作娴熟自如，不紧不慢，这哪里是在劳作，分明是在做着悠然自得的游戏，那么轻松自然。而一股股美酒淡淡的清香，从洁净如洗的车间里飘了出来，让人有种醉意朦胧的感觉。

　　而最有创意的是在响沙酒业白酒车间的门口两侧，伫立着 28 个酒坛，每一个酒坛上绘画着两个民族，56 个民族 56 朵花 56 种服饰 56 幅画，象征着中华 56 个民族同饮一江水，共护一条河，团结一家亲，共圆一个梦。

128

近十几年来，响沙酒业在企业文化建设上屡出新招，为健康成长的企业助推了活力。旗文联系统的摄影家协会、书法家协会、诗词协会、作家协会纷纷走进企业，把响沙酒业的故事用多种形式向世人展示，推动了企业文化的发展。多次举办了"本土作家走进响沙酒业"采风创作活动，本土作家就此写出了大量反映响沙酒业的文学作品。这一活动，不仅宣传了响沙酒业，扩大了知名度，也为作家们创作提供了丰富的素材，许多作品以专栏的形式在旗内的报刊发表，有的走出了达拉特，在市级、区级报纸杂志崭露头角。2021年6月底，为庆祝中国共产党成立100周年暨响沙酒业50年庆典，响沙酒业出资出版了《品酒铸魂话党恩》一书，共收集了60余位诗词作者1300首诗词、令曲、现代诗、舞台类说唱作品。其中讴歌颂扬响沙酒业的作品近70首。在此摘录部分篇章供读者赏析，感受不同凡响的响沙酒业和徐向东行稳致远的人生之路。

七绝·响沙湾酒业寄情（新韵）

黄河流韵

大河浪涌酒旗风，喜见潮头有向东。

沧海横流豪气壮，扬帆领唱响沙情。

情寄响沙

吴玉峰

黄河哺育众乡民，五谷甘泉酿圣醇。

助学济贫施大爱，驰名酒品宴嘉宾。

七绝·响沙酒业老总徐向东

许俊鲜

酒至甘醇情至真，龙头产业惠乡邻。

铮铮傲骨英雄气，剪就高原一片春。

七绝·礼赞徐向东董事长

张玲

黄河湾里育英才，德泽丰隆气运开。

创举骄人昭日月，爱心捐助映高怀。

赞达旗儒商徐向东先生暨赞响沙纯酿酒

牛玉珍

一

徐儒行事不寻常，善爱良才益梓桑。

腹纳云波时拱手，力推词赋过三江。

二

常饮响沙筋骨强，只缘水洁谷纯粱。

逢时送礼待嘉宾，堪比泸州与杜康。

七绝·赞徐向东董事长（新韵）

尚金花

徐君创业立潮头，贡酒响沙畅九州。

慷慨解囊慈济困，雄才大略拓春秋。

好烧酒系列赞

张堂明

新谷甘泉猛火蒸，封缸陈酿酒方成。

醮醇诱引五洲客，盈耳八方赞誉声。

二

响沙陈酿偶开封，浓郁鲜香越九重。
王母电邀排御宴，瑶池醉倒众仙翁。

三

蹈海蛟龙总向东，悍骄骏马照骑乘。
铁肩横挑千钧担，似此男儿恰称雄。

七绝·赞响沙酒暨赞响沙酒业老总徐向东

张扬

一

北部良田五谷精，南临沙漠水泉清。
名师绝技调甘味，几盏浓醇醉老生。

二

几经辗转响沙红，改革潮头涌向东。
竭尽艰辛思创业，迎来喜气满天冲。

七绝·咏响沙酒业（新韵）

舍翁

黄河涛伴响沙鸣，几字湾回卧巨龙。
谁点长风喷绿醉，源头活水尽朝东。

致向东总裁之响沙酒业（新韵）

王海船

一匹枣骊鸣响沙，神通天赐我当家。
纯粮精酿风光远，敬仰甘来涌圣涯。

赞响沙酒（新韵）

苏占海

库布其沙远近闻，清泉酿酒最绵醇。

宾席宴上皆交誉，系列响沙美醉人。

七律·赞响沙总裁徐向东（新韵）

张永成

男儿立志出乡关，创业艰辛几字湾。

星火红红昭大漠，响沙赫赫炳辽原。

缸缸玉液清香绽，脉脉深情德慧煊。

诚信经营为至道，涓涓绿蚁永醇绵。

赞徐向东总裁暨响沙酒（新韵）

杨宽明

几字湾长树一标，英才自古弄狂潮。

向东潇洒催黑马，美酒丰饶佐玉肴。

引领今时成系列，香盈四海赞声高。

雄心壮志开弘业，更作龙头再赶超。

注：黑马指响沙前身黑马酒。

七律·响沙酒业赞（新韵）

杜荣华

塞外醇香何处寻，响沙美酒第一春。

波澜六秩名尊老，誉饮八方客赞新。

黑马嘶鸣声未几，艨艟泛海已先晕。

琼花四溢孰能尔，一路高歌永向东。

七律·响沙酒业赞

韩彩霞

几字湾前抱旭阳，响沙酒业美名扬。

仁贤徐总称模范，德重员工聚吉祥。

质好城乡销路广，价廉中外好评长。

清柔醇厚堪经典，纵有茅台羡此浆。

赞响沙企业总裁徐向东暨响沙酒

庞贵雄

初心有梦蕴春光，徐总酬谋小五粮。

使命担当抒远志，宏图大略富家乡。

草原黑马扬鞭舞，贡酒名牌永世昌。

济困解囊胸有爱，龙头企业映朝阳。

注：黑马，响沙酒前身。

2021 年 12 月 25 日晚上，在元旦即将来临之际，响沙酒业在响沙蒙古大营隆重举办了一场迎新年音乐年会。著名音乐人石焱出席了音乐年会，小甜瓜、满仓、高丽霞、哈日呼、郝亚青、大星、白静、海霞、王清荷、梦梵等近 30 名晋陕蒙知名演艺人员表演了秦腔、二人转、晋剧、流行音乐等歌曲。在晚会上，唱响响沙酒业的《响沙千里一壶酒》和《为响沙喝彩》将音乐年会推向了高潮。响沙酒业各分公司、办事处全体职工在音乐年会上共同回首 2021 年，响沙酒业整整走过了 50 年不平凡的发展历程，闯出了一条未知的新路，共同展望充满希望的 2022 年，将以满腔热情迎接即将到来的 2022 年，砥砺奋进，扬帆远航，铸就响沙酒业新辉煌。

响沙酒业把抓企业文化当作一项重要工作，常抓不懈，使员工的精气神发生了巨大变化。正如使中国人民站起来的伟人毛泽东所说："没有文化的军队是愚蠢的军队，而愚蠢的军队是不能战胜敌人的。"他不仅切中了军队的脉搏，同样也切中了各行各业的脉搏。企业也是如此，没有文化的企业，就是愚蠢的企业，而愚蠢的企业就不能在竞争中前行。习近平总书记指出："文化是一个国家、一个民族的灵魂。文化兴国运兴，文化强民族强。"从中我们可以看出文化的重要性。文化是精神力量，文化是动力和引擎。因此，知难而上，作为灵魂拷问者的徐向东，敏而好学，不耻下问，爱文惜文敬文，因而他就站得高望得远立意深，他对文化的思考有着常人不可企及的独到见解，特别在关键时刻的点穴和号脉上，总是高瞻远瞩运筹帷幄，抢占先机赢得主动。徐向东知人善任抓根本，用心用力用情抓企业文化，使企业在经营中赢得了先机。企业文化的落地生根，不仅增强了企业的核心竞争力，也增强了企业的凝聚力、向心力，激励了职工开拓创新、建功立业的昂扬斗志，拉动了企业的灵魂和发展的原动力。响沙酒业优秀企业文化的长袖善舞，为员工提供了健康向上、陶冶情操、愉悦身心的精神食粮，营造出了和谐的人际关系与高尚的人文环境。响沙酒业内各种文娱活动的开展，活跃了职工的业余生活，加强了职工之间的团结友谊、沟通合作和团队意识，让他们能更好地在企业里实现个人价值，增添活力。职工在良好的企业文化环境下工作生活，在本职岗位上各尽其能，积极进取，使企业发展壮大起来。抓好响沙酒业的企业文化，作为一项高级形态的管理职能，促进了企业经济效益的稳步提升。

第十四章　企兴民富　同舟共济

大家小家都是家，抱团取暖人心暖。

百年蓝图手中绘，合作共赢开大船。

职工和企业是命运共同体，职工和企业彼此互相成就。俗语说得好：上下同欲者胜，风雨同舟者兴。职工是企业的建设者、创造者，企业发展离不开职工，职工的成长也离不开企业，只有企业发展了，职工才能共享发展成果，只有职工的努力，才能推进企业高质量发展。

有句俗语说得好：烧在前，吃在后。对于一个人是如此，对于一个企业也是如此。职工奋发图强，共同努力了，就如同做饭先烧火一样，没有火或电，饭就不会熟。从接手响沙酒业的第一天起，徐向东考虑最多的就是如何提升职工的利益，他深知，要想马儿跑得快，需给马儿多吃草，还得多给马儿补饲料。职工的利益得不到保障，就没有企业的明天。他把职工的利益和企业的发展放在一个天平上进行称量，一肩挑着企业的发展，一肩挑着职工的利益，孰轻孰重都会导致失衡。他逢人便说："没古人有古话了，'君不仁，臣投敌国；父不慈，子奔他乡。'因此，要想别人对你好，首先你得对别人好，在我们日常工作中也是如此。"为此，响沙酒业企业发展的同时，拿出相应的资金，用于给职工调整工资，不做大锅饭，也不开小灶，车间职工全部实行计件制，计件工资在原有基础上给予大幅提高，多劳多得、少劳少得、不劳不得。以激励机制提振职工信心，打造职工的凝聚力和向心力。通过一系列行之有效的措施，企业很快就出现了良好的局面。面对这种局面，徐向东只是内心涌起了兴奋的波澜，但他的头脑还十分清醒和冷静，他知道尽管职工暂时稳住了，但也不是长远之计，如果仍按旧体制运行，就会被一时的繁荣蒙蔽了双眼，说不定还会走前任的老路。只有抓住时机，尽快实行转制，才能使响沙酒业轻装上阵，走上繁荣和兴盛之路。

就这样，徐向东站在职工的角度考虑问题，把职工的诉求放在首位，节能降耗，挖潜力让利益，为企业发展创造了条件。从 2003 年至 2006 年间，经过艰难的抉择和付出，在困难中寻找突破，企业彻底完成了转制，华丽转身轻松上路，走上了中国特色的民营企业发展之路。

以党委为核心发挥党组织巨大力量的同时，响沙酒业工会在党委的直接领导下，发挥企业工会职能，想职工所想，急职工所急，办职工想办之事，切实保障职工利益，推动企业和谐发展。

2007 年，新厂建成后，生产车间到产品存放库房一应俱全，唯有工作人员办公场所缺乏，响沙酒业努力践行对职工的人文关怀，他们把化验室挤出一些地方办公，地方虽不大，但为职工提供了冬暖夏凉干净整洁的工作环境。新厂离街上的距离远，当时还属于偏远城郊，树林召街区基本上还在旧城区，新区建设才刚刚起步，交通工具还是自行车主导时代，有的住户住在城郊结合处的旧糖厂东，距离厂区有五六公里，上下班就成了新问题。为了方便职工上下班，单位采取人性化管理，错峰出行，错后半小时上班，提前半小时下班，这样就方便了职工接送孩子和上下班。

就在响沙酒业还未建设办公楼的情况下，为解决职工住房问题，为了上班方便，2007 年响沙酒业启动了两栋职工住宅楼的建设。一年后的 2008 年，职工就住进了新楼房。土地由公司无偿提供，基本按建设成本分配给职工，这样无形中给职工送去了温暖和福利。给职工建设了经济适用住房，实现了五年突破的承诺。职工有了住房，人们喜气洋洋搬进了新家，宽敞明亮，舒适方便，出门转个弯就是单位，上下班的便捷程度，完全可以与同城的大型国企——达拉特发电厂职工媲美，职工们笑得乐开了花。同时，街上的金牌批发客户也给分配了住房，作为企业发展的一分子，让他们一心一意为公司销售产品。与此同时，响沙酒业还落实了带薪休假制度，在民营企业中，响沙酒业率先迈出了一大步，这一步迈得坚定、沉着，迈得铿锵有力。

如今，当我们站在响沙酒业六层办公楼上，左手是电梯，右手是"团队幸福墙"，在电梯与"团队幸福墙"之间临窗向北眺望，整个厂区、职工住宅区尽收眼底。住宅区至办公楼的直线距离不足三百米，职工上班五分钟就可到岗，充分体现响沙酒业对职工的人文关怀。职工住宅区和厂区形成平行线，中间是整齐划一蓝顶的酒业厂区，一排排厂房错落有致，整齐划一，南北大通道绿树成荫花团锦簇，住宅区东南端两个直插云天的高大储罐，是响沙酒业全自动储粮除杂一体机，每罐存储高粱500吨。上面喷涂着"塞北五粮盖世清香""响沙美酒誉满神州"十六个大字，在阳光照耀下格外夺目，昭示响沙人怀揣梦想追求极致的坚定信念和海纳百川，从中感知灵魂深处的欣慰和念想。

企业就是职工的家，它承载着职工生存、发展的平台，没有企业的发展，就没有职工的未来，心在哪里，人的价值就在哪里。常言说得好：心有多大，舞台就有多大。热爱企业，努力工作，创造价值，是践行价值观，塑造个人品行的最好土壤。多年来的实践证明，响沙酒业就是职工的家，这个为职工创造价值的平台，承载着职工的苦乐酸甜，企业面临困难时，职工的生存就出现危机，企业乘风破浪扬帆远航时，职工的脸上绽放的笑意自然也就多。

有一种理想的爱，叫相互反哺。其实，职工是企业的衣食父母，反过来企业又是职工的衣食父母，你中有我，我中有你，不可或缺。只有抱团取暖，热度才能互相传递，才能真正体验到爱的温度。

响沙酒业通过激励机制，挖掘职工潜力，他们把"企兴我荣，爱厂如家"的理念，作为企业发展、职工收入提高的准星，让职工真正感受到工会不仅是职工之家，而且是温馨之家，让职工真切感受到党委的关怀和温暖，让他们释放强大的潜能，让职工体面劳动、安心工作，让职工有更多的获得感和归属感，在追求工作成效最大化，职工收入也在稳步提高，深得职工的信赖和赞同。他们在"五一""中秋""国庆""元旦""春节"几个节假日期间，除了以党委名义慰问公司困难职工外，还以某一"党群先锋队"的名义冠名慰问困难职工，让职工充分感受组织的温暖、党群先锋队的力量。

特别是近几年，响沙酒业的产品生产和销售稳步上升，职工生产积极性也在不断提高，有时为了赶任务，职工加班加点已经成了一股热潮，他们也能多得到报酬，每一班职工都愿意早上班迟下班，个别职工有事请假，其他职工主动补位加班，从没有出现空岗现象，这就是凝聚力和战斗力的具体体现，彰显了响沙酒业职工爱厂如家的深厚情感和务实精神。

成立于2012年的响沙酒业工会，建立之初便完善了管理制度，工会在企业中，不是徒有虚名的花架子，而是办实事解决实际问题的常设机构，真正体现了工会就是职工之家，就是职工的娘家。他们的目标就是努力把工会建设成"三型"工会，一是学习型工会，通过学习提高职工的素质和技能；二是创新型工会，通过创新的途径，提升企业的发展空间；三是服务型工会，通过一系列行之有效的服务，提升企业的核心竞争力和员工的人生价值。经过全体职工的不懈努力，响沙酒业精心打造的"三型"工会，在企业的发展壮大中起到了重要的作用。

响沙酒业的工会组织不仅机构完善，而且在充分行使工会组织的职能上，竭尽全力大放异彩。工会主席由公司党委副书记、总经理李建军担任，他是徐向东接手响沙酒业，从破冰之旅到走向成熟，历尽坎坷一路陪伴，深得徐向东的器重和信任的企管高层。这样的组织安排，工会主席有职有权，想解决一些急需解决的问题，就能随时拍板妥善解决，不用绕弯子走程序，请示汇报拖拉扯皮。比如解决职工和客户最关心、最直接、最现实的利益问题，近距离就可解决，保障和维护了职工权益，从中可以看出响沙酒业对工会组织的重视程度。

响沙酒业工会在成立的十年中，他们总结出一套行之有效的工作方法，这套方法就是"三必解""四必访""五必谈"，温暖了职工的心，使职工有了主人翁的责任感，助推了企业的腾飞。"三必解"即是有惑必解、有难必帮、有求必应；"四必访"即为生病住院必访、红白喜事必访、天灾人祸必访、员工生日必访；"五必谈"即为新人入职必谈、工作调整必谈、表彰处罚必谈、年终总结必谈、个人有想法必谈。这看似简单的工作方法，实则真正替职工着想，触到了职工最关切的部分，他们何不为此而动容？为使职工安心工作，响沙酒业公司不仅为单位职工提供优质的服务，还保证职工诉求及时得到解决。他们首先做好职工信访受理和调处归档工作。对事实清楚但需要协调的维权服务事项，必须在30日内答复办结。对情节复杂、性质严重的群体性信访或突发性的求助事项，必须向企业领导、上级工会反映汇报，协助做好协调工作。其次是负责对上级职工维权帮扶中心交办事项协调、处理，并将处理结果在规定时间内及时上报。负责对困难帮扶资料和职工来信来访的办结数量、内容、分类、统计汇总。确保职工的诉求件件有落实，事事有回音，让职工高兴而来，满意而归。

多年来，响沙酒业党委及工会始终坚持"以人为本"的科学发展理念，把提升职工生活质量和健康需求，作为工作的出发点和落脚点，高度重视职工的文体娱乐活动工作，通过开展各种有效的文体活动，着力增强职工的自觉参与意识和团队凝聚意识，根据不同人群、不同爱好、不同年龄、不同性别，明确活动主题，因地制宜，广泛开展形式多样、丰富多彩的文体活动，引导职工积极、自觉地参加各项文体活动。旗里组织的各项职工活动，响沙酒业都积极派员参加，从来没有缺席。全旗职工运动会、红歌大赛等项活动，响沙酒业职工都悉数参加，还取得了较好成绩。响沙酒业不定期组织党员开展登山励志活动，对优胜者进行物质鼓励，并在活动现场举办野炊活动，愉悦心情陶冶情操，接受大自然的洗礼。在每年的建党纪念日期间，组织职工开展文体娱乐活动，增加了节日气氛。同时，响沙酒业还积极参加社会活动，2016年7月，出资20万元，冠名"响沙酒业杯"的呼（和浩特）包（头）鄂（尔多斯）超级乒乓球大奖赛，为内蒙古呼包鄂"金三角"地区职工文体活动增添了色彩，响沙酒业代表队还取得了一个单项的第一名，为企业争得了荣誉。

为了使响沙酒业困难职工得到及时有效地帮助，响沙酒业公司工会主动出击，在每年的春节前，与旗总工会取得联系，最大限度地为公司的困难职工申请困难慰问金。响沙酒业公司也筹措资金，捆绑起来使用，为困难职工发放慰问金。对于患病职工，响沙酒业公司更是看在眼里，放在心里，抓在实处，真心实意地为职工服务，组织党员和全体职工为他们捐款捐物，解决了困难职工的后顾之忧。心暖了，整个世界就充满阳光。

2016年11月，身患癌症的职工杨利鲜，急需手术治疗。因家庭贫困，在筹措手术资金过程中，东筹西借也只是杯水车薪，让杨利鲜丈夫一筹莫展，欲哭无泪。杨利鲜原是中和西乌兰计村的贫困户，2003年7月29日，达拉特旗遭遇了一场百年不遇的特大洪灾。灾情发生后，徐向东除了拿出资金支援灾区外，他还伸出大爱之手，为那些生活贫困者提供就业岗位，从贫困户中招聘三十多人入职响沙酒业，杨利鲜就是其中之一。十多年后，生活稍有起色的杨利鲜不幸得了重疾，响沙酒业得知杨利鲜治疗的困境后，公司率先捐款2万元，并组织全体职工捐款5万余元，并在社会上开展水滴筹，很快手术费用筹措到位，杨利鲜及时做了手术，术后情况良好，现已基本痊愈。

2021年3月，响沙酒业公司新招聘了一名湖北籍职工张方林，其家庭情况比较特殊，他与妻子已离婚多年，80多岁的老母亲也无人照顾，他只好边工作边照顾老母亲的生活起居，同时还得照料12岁孩子张文瑾的上学。徐向东在了解到具体情况后，为了让张方林安心工作，使这个支离破碎的家庭走出困境，过上安稳、平静的生活，随即联系了养老院，将身体不能自理的张方林的老母亲送到养老院，并负责在养老院的一切开支，将张文瑾送到达旗第二小学上学，并办理了周托，学校的一切学习、生活开支均由徐向东承担。

响沙酒业老职工闫六十九，他从徐向东接手响沙酒业起，就和徐向东一块儿打拼，十八年来，诚实、善良、能吃苦的闫六十九，从一名普通职工历练成长为公司的工程部长。一天，闫六十九在厂子里检修管道时突然晕倒在地，响沙酒业的领导和他的家人及时把他送到医院进行救治，辗转到了天津医院进行治疗。经检查，发现他肝部有问题，医生建议他在家休养、保守治疗、定期复查。家境并不宽裕的闫六十九，为了节省开支，他每半个月独自往返一趟天津医院检查、配药，公司考虑到他家的实际情况和治病急需大额资金的现实，在酒厂内部向全体党员和职工发起了捐款救助倡议，党委书记、董事长徐向东带头捐款3万元，酒店党支部书记、总经理边源捐款2万元。在公司的倡议下，不到一天的时间就为他募捐了9.6万多元。与此同时，酒厂决定闫六十九在家休养期间，工资照发，待遇不变，让闫六十九感受到企业的深情厚谊和人文关怀。

一句问候能温暖一个人的心，一件实事可以品出人间冷暖。响沙酒业工会十分重视和维护企业职工的权益，每年都要组织职工开展健康体检，女职工还增加了妇科体检，对发现的妇科病及时进行诊治，确保女职工身体健康，满腔热情投入到响沙酒业热火朝天的生产建设中。响沙酒业还为提高职工的知识技能，组织职工开展健康知识讲座、消防安全知识讲座、业务培训讲座和知识竞赛，为他们的身心健康和知识技能的提高，竭尽全力创造条件。每年的五一劳动节、国庆节、元旦都要组织开展职工体育活动，每月为当月过生日的职工举办一次集体生日宴，在七一建党节慰问困难老党员，在新年举办新年文艺晚会，春节进行职工慰问。

作为一家酿酒与酒店餐饮相结合的企业，女职工是一支庞大的群体，营销团队女性更是独领风骚，专业研发团队女性也占据较大比例，女职工在响沙酒业中起着半边天的作用，响沙酒业重视女职工的工作和生活，提升她们的人生站位，让她们发挥潜能，展翅腾飞。女职工们在公司党委和工会的带领下，用勤劳与智慧、拼劲与韧劲，在响沙酒业发展蓝图中描绘出一道绚丽的彩虹。她们在各自岗位辛勤工作的同时，积极参与公司组织的各项团体活动，为所在部门争取荣誉，她们同男职工一样工作，在家中又担任多种角色，既要照顾好丈夫、教育好子女，又要经营好小家，在她们身上，闪动着中国女性特有的吃苦耐劳的精神和风采。美丽的响沙女职工们自信、自尊、自强，在自己平凡的岗位上辛勤耕耘、默默奉献，编织着自己美好的人生。在这个千帆竞发、百舸争流的时代，以钉钉子精神狠抓落实，巾帼不让须眉，在新时代征程中谱写着半边天的美丽篇章。在每年的三八妇女节，响沙酒业工会都要组织活动，为女职工庆贺节日，为她们送去节日美好的慰问，并安排酒宴招待，让她们感受到家的温暖。

响沙酒业工会通过一系列行之有效的活动的开展，不仅丰富了职工的文化生活，也为职工谋得了福利，让全体职工安心工作，无后顾之忧，职工稳定，爱厂如家的氛围在响沙酒业业已形成。公司在家就在，已在职工心中刻骨铭心，深深地扎下了根，留住了人才，稳定了职工队伍，为响沙酒业的发展壮大插上了腾飞的翅膀。

响沙酒业工会自成立以来，在企业党委的领导下，全体职工以主人翁意识，辛勤劳动，诚实劳动，用劳动筑梦，以实干圆梦，谱写出一曲曲感人肺腑的劳动者之歌，涌现出了一大批劳动模范和先进工作者，充分展现出新时期响沙酒业广大职工的时代风采、良好风貌和责任担当。

第十五章 品牌效应 营销战略

崇尚一流屡创新，宏图大展铸辉煌。

响沙千里一壶酒，中国五粮出清香。

响沙酒业是中国五粮清香酒的领创者，是中国白酒业品质的坚守者，更是中国白酒文化的传承者，也是中国五粮清香酒的突破者。这不是自我吹嘘的妄称，这是响沙酒业在传承传统酿酒的基础上，不断探索和创新中国白酒文化的表达方式，专注研发新品牌不遗余力，得到社会各界特别是专家的认可，同时将酒文化与旅游产业有机衔接，逐渐扩大酒文化展示规模，吸引各界朋友来厂体验响沙酒业的酒文化之旅，感受传统酒企对传统文化的敬重，对工匠精神的坚守，得到了社会各界的广泛赞誉。

这个世界上，从来没有无缘无故的幸运，更没有随随便便的成功。这个成绩的取得，是响沙酒业倾力投入人力物力优化工艺、研发创新的终极成果，饱含着响沙酒业人的智慧、汗水和坚韧不拔的创业精神，也是响沙酒业人种下梧桐树，引得凤凰来的铺陈出新。

作为董事长的徐向东，深知科技就是生产力、科技就是力量、科技就是创新、科技就是未来的深刻要义，他舍得为企业产品研发投资金。为了开阔眼界，改变观念，多年来，响沙酒业先后派员工前往茅台、五粮液、杏花村等大型现代化名酒厂参观见习，取回"真经"为我所用，使响沙白酒的质量在秉承传统的基础上有了突破和提升。

徐向东带领的响沙酒业团队，不仅具有高超的技艺和精湛的技能，而且还有严谨、细致、专注、负责的工作态度和精雕细琢、精益求精的工作理念，着力打造了一支具有执着专注、作风严谨、敬业守信、推陈出新的超强战队。他说："俗话说得好，'三年入行，五年懂行，十年称王。'其实，每个行业都不易，我们宁愿十年做一件事情，也不要一年做十件事情，贪多就嚼不烂。说实话，在这个职场上，打得赢就能出众，打不赢肯定是出局。"响沙酒业就是十年坚守一颗初心，不离不弃，他们在竞争激烈的酒界激流勇进，用五种好粮，在岁月的沉淀中，酿出了传世清香。

有一种精神叫工匠精神，有一种情怀叫坚守，有一种信仰叫始终热爱。艺无止境，酒无终极，响沙酒业人为此而不断努力，在坚守的基础上，坚定不移地走在创新的路上。

大国工匠，是挺起民族制造业的脊梁。用工匠精神培育工匠队伍，是响沙酒业追求的目标，产品研发技术的不断革新，是制造业推陈出新的灵魂。多年来，响沙酒业一如既往积极实施人才强企战略，十分重视人才的聚集与培养，同时伸出了坦荡、热情的橄榄枝，吸引了一批有知识有经验的企业管理人员，招聘了一批技术型与管理型专业人才，他们在各自岗位上，绽放花一样的青春年华。目前，响沙酒业公司研发团队中，国家级专业技术水平的有 8 人，自治区级专业技术水平的有 15 人。既有国家和自治区酿酒师举旗，也有响沙酒业中高层呐喊，还有爱岗敬业的普通职员助阵，研发团队中从酿酒师、调酒师、品酒师均衡搭配强强联合，形成了响沙酒业的专业团队。从高层的党委书记兼董事长、总经理到中层领导为中坚，以团队一线为骨干，各个环节都有专业技术人员守关夺隘，全体党员研发人员带领技术人员以提升产品质量为重点，环环相扣，以保障食品安全为己任，在原料品质把控、白酒指标化验、样品抽检、原酒勾调、理化指标分析、成品品质检验等各个环节做到一丝不苟精益求精，使响沙酒在保证质量的前提下，创新发展，全力超车，向白酒行业高、精、尖跨越。

为了更新知识增加技能，响沙酒业就像春天的流光，关注枝条和叶脉营养的输送。他们以阳光的心态，在人才的使用和培养上肯下血本。在聘请高级白酒专家为企业助阵外，还从企业内部培养了一批拿得起放得下的科研人员和技术骨干。把这些可塑之才派出去经过严格的技术培训，成为生产一线富有经验的专门人才。公司以他们学到的技能，手把手带领一线职工组织生产，不断提高生产和技术水平。与此同时，近年来，响沙酒业拿出100多万元，派出企管高层重返校园进行培训学习，去内蒙古大学、清华大学学习，给管理者充电，增加和更新他们的专业技能，转变了思想，提升了格局，开阔了视眼，为企业的发展增加了活力。作为董事长的徐向东，还多次带领技术骨干参加行业高峰论坛，聆听、吸收、专攻，响沙酒业的科研团队技术水平越来越精湛，出神入化炉火纯青。

酿造一款好酒，要有一流的水、粮、曲，辅之以技高一筹的工艺和设备，才能毕其功于一役，否则将是纸上谈兵，说说而已。水是酒之血，粮为酒之魂，曲为酒之骨，工艺为酒之根，设备是酒之基。而响沙酒业酿酒的血、魂、骨、根、基之间，相互融合，和谐一致，配合得当，精准对接，构建起出神入化提神醒脑的响沙系列白酒。响沙白酒的水源来自闻名中外的响沙湾腹地深层地下泉水，清纯甘甜无污染，含有多种矿物质成分，配以米粮川上的优质红高粱、稻米、小麦、糯米等为原料，通过古老的酿酒工艺与现代酿酒科技的完美结合，酿造出芳香四溢的响沙美酒。

响沙酒业地处农业资源富足，土地泛金，沃野飞虹的达拉特平原上。这里的沿黄地区，有着得天独厚的土地和水利资源，九曲十八湾的黄河，在达拉特旗境内龙行蛇舞190公里，在这一方沃土上写下了动人心魄的传奇故事。在这美丽富饶的黄河几字湾里，响沙酒业建立了近2万亩红高粱种植基地，保证了原料的有序供给。为进一步提升原料品质，确保响沙白酒的质量和口感，响沙酒业引进粒小、皮薄、耐煮和淀粉含量高的优质红高粱品种，成为优质红高粱中的绿色珍品，也使响沙白酒在品质上有了质的突破。

为生产出高档次的酒曲，响沙酒业取长补短，采用百年相因、代代相传的大曲清香传统技术，由大麦、小麦和豌豆经过改良加工制造而成的酒曲，经由压制曲块、入曲房发酵、翻曲、倒曲等传统工艺制造出优质的酒曲，为纯正优质响沙白酒的酿造提供了保障。而达拉特旗地处黄河流域中上游的冲积平原，地势平坦，土壤肥沃，日照时间长，所生产的大麦、小麦和豌豆品质高、营养丰富、适口性好，是制造酒曲的上好原料。许多名酒都用大曲酿酒，酿出的酒质量上乘。响沙酒业亦是如此，热忱向名厂学习，精益求精，勇攀新高峰，不断创造酿酒业的传奇。

没有好的工艺和设备，酿好酒就是天方夜谭。响沙酒业秉承几千年的传统酿造工艺，采用固态发酵、分质摘酒、陈藏贮存、精心勾调的工艺精酿而成，具有酒体清澈，香气幽雅，绵甜醇和，自然流畅的品格，酿造的酒品味不凡。设备是酒之基，只有强基才能固本。为此，响沙酒业在基础设施建设上狠下功夫，投入重资打造一流生产线和检测线。响沙酒业酿造车间、厂房以国家轻工行业的标准进行建设。白酒酿造全部采用地缸发酵，在充分汲取传统酿酒精髓的同时，结合现代科技，配置了先进的白酒发酵车间、全自动白酒生产线，并成立了具有国际标准的白酒检测中心，完善了现代化品质保障检验体系。引入当今国际最先进的日产安捷伦相色谱仪和国内最好的福立相色谱仪，为白酒研发、检测的科学性，提供了理化分析的依据，确保了产品质量。公司通过理化检验和感官鉴评等检测手段对酿酒原料、中间品、半成品及成品酒的品质实施跟踪检验和监控，酿酒生产的每一细节扶正纠偏，确保了出厂产品品质。经现代化、高科技检验体系的检验，保证了产品在传统酿造工艺基础上赋予了其独特、浓醇的高雅品质。酿造的酒启封闻之，滴滴清香让嗅觉顿时失守，张口喝之，琼浆玉液激情流淌江河日下。

付出是回报的因果。产品本身是无言的静物，而产品的荣誉和客户自有发言权。响沙酒业团队坚持以工匠精神为努力的基点，以品牌效应为目标，历经五十年用心历练与苦心经营，卧薪尝胆终成正果，品牌效应凸显，核心竞争力不断提升。公司以优秀的管理团队、过硬的专业队伍、先进的生产设备、成熟的酿造工艺酿就优质的产品，一批又一批响沙人用心血和汗水，浇灌出了响沙酒业的璀璨靓丽之花。年年迈大步，岁岁有突破，经过多年不懈的努力，响沙牌系列白酒取得了一个又一个突破，完成了前任没有完成的一项又一项壮举，"响沙"系列白酒已获得国家和自治区的多项殊荣。这些成绩和荣誉的取得，是各级党委、政府、各相关部门以及社会各界和全体消费者大力支持的结果，也是对响沙酒业励精图治、奋发有为敢为人先的褒奖。公司主要利用单粮、双粮、五粮酿造响沙王、响沙贡、响沙敬等系列品牌的一百多个单品的清香型优质白酒，它不但被鄂尔多斯地区的消费者认可，而且还远销陕西、山西、宁夏、河北、北京等省市区，广受消费者的青睐。

请跟随我走进响沙酒业荣誉室，共同领略响沙酒业走过的光辉历程，一起分享荣誉背后的艰辛与心动。

响沙酒业的发展史，一直呈波浪式的滚动发展，在波峰浪谷中穿越，有时跌入低谷，不声不响，有时触底反弹，溅起朵朵浪花，有时地处某一处宿营地，面对前路无能为力。特别是徐向东接手响沙酒业后，他面对一次次的困难和危机，响沙人没有畏惧，没有退缩，更没有放弃，而是应对自如，转危为安。当市场低迷时，他学会了沉淀和积累，做到了内化于心、外化于形；当市场困难时，他组织员工苦练内功、提振信心，苦修技艺，提升质量，砥砺前行；当市场繁荣时，他保持着清醒的头脑，谦虚谨慎，再接再厉。

响沙酒业自 2003 年转制为民营企业以来，走过了十几年不平凡的发展历程，响沙酒业铸就的这座历史丰碑，这座大厦的巍然矗立，展示了响沙人默默无闻地坚守和风雨兼程的艰辛，也体现了响沙人的远大理想和不服输、不畏险的雄心壮志，响沙人永远记得响沙酒业的过去、现在，只有众人划桨开大船，才能风雨无阻，奋勇前行。

从徐向东接手响沙酒业以来，企业发展的轨迹着实让人兴奋，让人称道。这是徐向东和他的响沙酒业人励精图治、艰苦创业的结果，这也是一种闯关破难的"徐向东现象"。这些数字和荣誉足以证明，消费者是最好的诠释和证人。在达拉特旗，喝酒的人们常说的一句话叫："好喝不上头，还数响沙酒；喝了响沙酒，一股暖流在心头。"这句看似简单的调侃语，道出了响沙酒是一款正宗的纯粮好酒。尽管还没有进入"十大"名酒排行榜中，但它同属于"中国驰名商标、中华老字号"的行列里。我认为它是最具增长潜力的一款白酒品牌，一样的饮酒，一样的效果，不一样的价格。物美价廉，高质量、大众价位是它最打动人心的制高点。正如徐向东所言："响沙酒业的产品要靠质量取胜，我们不打价格战，因为打着打着质量就没有了，做生意就要走品质路，因为走着走着口碑就更好了。"

一壶酒方能知春秋，一壶酒也能品味人生。随着岁月的流逝，响沙酒业一批丰硕的成果上市，引起不小的轰动。让我们顺着时间的隧道，一起穿越响沙酒业山环水绕的发展史，相约在扬帆远航的征程上。

2006 年，是响沙酒业命运转折的重要一年。响沙酒业经过数年的艰苦鏖战，这一年通过了 ISO9001 国际质量体系认证。这对于一个生产企业来说是十分重要的一环，顺利通过这一门槛，意味着内部和外部环境发生了质的变化。内部可强化管理，提高人员素质和企业文化，外部可提升企业形象和市场份额。这是每一个成功企业的必经之路，也是一艘纵横捭阖的航船鸣响的第一声笛音。2007 年，"响沙牌"白酒被中国中轻产品保障中心评为中国优质产品和中国名优产品；2009 年，"响沙贡"白酒被自治区人民政府评为"名牌产品"；2010 年响沙酒业被自治区评为五星级"诚信单位"。

而作为企业冲锋陷阵领头雁的徐向东，也先后被市旗两级授予"优秀民营企业家""劳动模范""青年文明号带头人""杰出青年"等荣誉称号，并被自治区有关机构评为"诚信个人"。也就在这一年，响沙酒业为打造百年企业开基立业，组织了攻关团队，与内蒙古轻工科研所合作，研发五粮清香型白酒。国家白酒专家沈怡方、内蒙古白酒专家、高级工程师范仲仁、张秀英、马美凤等亲临响沙酒业进行技术指导，响沙酒业的李建军、侯利刚、赵永清等在公司党委书记兼董事长徐向东的带领下，主动靠前，勇挑重任，潜心研发，历经三年的技术攻关，于 2013 年成功研发出五粮清香白酒，并进入批量生产。

就在响沙酒业五粮清香白酒攻关的关键时刻，响沙酒业捷报频传，好事连连。2012 年，"响沙"商标被国家工商局认定为"中国驰名商标"；响沙酒业被自治区商务厅认定为首批内蒙古老字号企业；响沙酒业生产的特制五星响沙贡、五星响沙贡、响沙王产品被自治区人民政府评为"名优产品"。

2012 年 9 月 14 日，响沙酒业举办了一次五粮大曲清香型白酒品鉴会。他们请来中国白酒协会副会长、中国白酒专业协会专家组组长、中国白酒专家沈怡方，自治区白酒协会名誉顾问、高级工程师、自治区白酒专家范仲仁等多名高级白酒专家，连同旗内各方人士，一同品鉴响沙酒业最新研发的大曲（高粱、玉米、大米、小麦、糯米）清香型白酒。这是响沙酒业为满足消费者需求，紧盯市场推出的一款创新品牌。这一品牌，填补了当今白酒业界只有"五粮"浓香型而无"五粮"大曲清香型白酒的空白，具有兼容互补、多味结合、纯正绵甜、后味爽净以及清香宜人等特点。经与会专家品鉴，给予很高评价。沈老在会上激情澎湃

响沙酒业举办五粮清香型白酒品鉴会

地说"我原以为响沙酒业只是一个一般化的小企业，没想到你们已成长为一个颇具档次的企业。即使从全国范围看，你们也属于中小偏上的白酒企业。你们厂房新、设备新、管理精、运作规范，给我留下深刻的印象，你们的企业是一个非常好的很有发展前途的企业，你们的白酒质量也不错，在逐步向高端清香型靠拢。'五粮'型白酒保持了干净清纯的特点，复合淳厚，质量很好，是成功的，技术措施也是得当的。"自治区白酒专家也同样给予高度赞扬和肯定。

由于响沙酒业突飞猛进，经济效益和社会效益齐头并进，带动了农产品的种植需求，引起了高层的广泛关注，响沙酒业于2013年被认定为内蒙古自治区农牧业产业化重点龙头企业。

响沙酒业五粮清香白酒的研发成功，标志着白酒行业的又一次革命性的突破，开创了白酒业的新纪元。清香型白酒是中国四大香型之一，占据着中国白酒行业重要的市场份额。其清香纯正、醇香柔和、自然协调、余味爽净的特点引起消费者的关注。

　　在响沙五粮清香白酒走向市场之后的 2014 年，响沙酒业的触角渐趋向外延伸，荣誉的脚步带着强劲的节奏声接踵而来，响沙五粮清香白酒获得了国家发明专利，这是对五粮清香白酒国家层面的认可。"响沙王"商标被内蒙古自治区工商局、自治区著名商标认定委员会认定为著名商标；"响沙王"产品被中国·内蒙古第二届绿色农产品博览会组委会、内蒙古农牧业产业化龙头企业协会认定为名优特产品。中国白酒专家沈怡方、内蒙古白酒专家、高级工程师范仲仁、张秀英、马美凤等在品鉴了五粮清香白酒后，对酒的品质给予了高度评价。认为响沙五粮清香型白酒是中国白酒的一匹黑马，其兼收各家酿酒之长，继承挖掘传统酿酒工

艺，精心发酵酿造，地下陈藏培育而成，饮之芳香浓郁，甘美醇和，回味无穷，实乃酒中精品。在品酒之余，沈怡方、范仲仁两位专家豪情满怀，掩不住激动之情挥毫泼墨写下了笔法古朴，结体遒劲的"响沙美酒誉满神州"几个大字。这不是专家们礼

沈怡方、范仲仁挥毫泼墨

貌的客套话，而是对响沙美酒褒奖的肺腑之言的真情流露，是对响沙人坚韧不拔精神的击掌高歌，这是对响沙人敢想敢干敢拼敢赢的中肯概括。

　　这就是响沙酒业，鄂尔多斯高原上的一支花，不鸣则已一鸣惊人。他们对待高品质酒的追求，像虔诚的朝圣者一样顶礼膜拜，不敢有丝毫怠慢，响沙酒业把追求五粮清香白酒当作自己的孩子一样，投入高昂的人力物力财力和精力，终于不负众望，从前路迢迢走进了柳暗花明，走向了耀

人眼目的"桃花源"。

2015年，"响沙贡"商标被内蒙古工商行政管理局、自治区著名商标认定委员会认定为著名商标；响沙酒业荣获2015·首届内蒙古企业成长百强；特制五星响沙贡产品被中国·内蒙古第三届绿色农畜产品博览会组委会、内蒙古农牧业产业化龙头企业协会认定为名优特产品。

2016年"响沙敬"商标被内蒙古工商行政管理局、自治区著名商标认定委员会认定为著名商标。

2017年，响沙酒业白酒酿造研究开发中心被认定为内蒙古自治区企业研究开发中心。这一证书的获得，充分说明响沙酒业创办的白酒研发中心得到了自治区级的认可，也充分证明响沙酒研发中心技术力量雄厚，能够独当一面承担起高品质白酒的研发重任。

2017年7月时任内蒙古自治区党委书记李纪恒接见全区先进私营企业和
文明诚信私营企业代表（与徐向东亲切握手）

从 2017 年开始，响沙酒业与久久酒业公司合作，强强联合，开始研发健康美味有机白酒，并注册了"朴之液"有机白酒商标，在昭君镇联袂打造了 1600 亩有机高粱种植试验基地，历经 3 年的有机转换期，圆满转化成功。对接国内最权威的有机认证机构——南京国环有机认证中心，对响沙酒业全部生产工艺流程进行有机认证，2021 年取得白酒产品有机认证证书，并荣获内蒙古自治区品牌价值评价入围品牌。

2020 年，随着五粮清香白酒的声誉渐长，响沙酒业为了进一步提升酒的质量和知名度，使酒品再上一个新台阶，特聘国家级白酒专家赖登燡对响沙五粮清香酒的酿造工艺、酒体设计等开展常态化指导，对使用年份五粮酒勾调新品作了进一步优化，使响沙五粮清香酒口感更协调柔顺、厚重醇香。赖老对响沙五粮清香酒取得如此高的成就，十分欣慰，大加赞赏。在兴奋之余，赖先生挥毫写下了"传承酿酒文化，永铸响沙品牌"和"聚草原灵气，酿五谷精华"的珍贵墨宝。

赖登燡为徐向东赠送墨宝

做一个好的品牌，需要一代人、两代人，甚至更多代人的努力。但徐向东成功了，他调动各方面积极性，通过研发、品评、验证、勾调、再勾调，一次又一次的推倒重来，最终实现了五粮清香白酒最后的定型。"南有中国浓香五粮液，北有响沙清香五粮酒""聚草原灵气，酿五谷精华"这样的评价，从白酒专家的嘴中说出来难能可贵，不是多少金钱能够买得来的。这种高度评价，是对响沙五粮清香酒的最高褒奖，是比金牌更宝贵的嘉奖。

这一重大成果仅仅用了十年时间，完成了别人可能需要几代人的努力，才能完成的伟大历史性突破，而徐向东团队用伟大的实践，精益求精的大国工匠精神，改写了五粮清香白酒的历史。这不仅是响沙酒业的幸运，也是徐向东本人的幸运。

"响沙"商标是达拉特旗第一枚中国驰名商标，是达拉特旗原国营制造企业转制后保留下来的唯一一家本土制造企业，从诞生至今，历经了风雨历程，承受过水滴石穿的磨练，面临过悬崖绝壁的险境，直视过生死存亡的绝境，但总算挺了过来，而且还是一鸣惊人。

在纷至沓来的荣誉面前，徐向东异常淡定。胆识向来是他的精神支柱，风雨同舟是他拼搏的动力，追求科技兴厂是他的出手利剑，办事决策胸有成竹韬光养晦是他固有的本色，文武兼备是他的学养深厚，因而他成功了。面对成就，他胸有成竹地说："成果只说明过去，不代表未来。今后我们将更加努力，坚持以诚信打造企业，以诚信创新品牌，以诚信取信于天下人，以诚待人人人敬，以信为本事事成。让我们这个达旗唯一生存下来的具有国企基因的民营企业，对地方财政和社会事业做出更大的贡献。"

经济学家说：品牌是企业赚取高额利润的通行证，品牌就是无形的资产。营销专家说：好的品牌需要好的营销。而徐向东则说：好的营销方案就是真诚服务，最好的商业模式就是脚踏实地。由此可以看出，品牌和营销是企业生存的重要保障。

响沙酒业始终坚持以人品带酒品，以产品带品牌。传承工匠精神，为消费者做好酒，做放心酒，做纯粮酒的初心始终没有改变，来不得半点虚假。他们不仅把消费者作为上帝，还把消费者作为合作伙伴。响沙酒业为了产出高质量高品位的白酒，他们在尊重客观规律的同时，加大投入力度，在"借他山之石"向同行学习提升的基础上，奋发有为努力创新，以科技兴企、科技强企为抓手，取得了骄人的业绩。

健全规章制度，强化管理，是响沙酒业长盛不衰的制度保证。为了企业的生存和发展，为了确保产品质量，响沙酒业建立的各种管理制度有四十项。为使各项制度落到实处，严格实施目标管理责任制，执行制度不动摇。他们所设置的各项制度，其核心就是坚持实行严格的厂长负责制，把责任落实到相关的每一层级，每一个人身上，确保各个生产环节的科学化、规范化，人人身上有担子，个个勇于挑担子，他们爱厂如家，把厂子的兴荣毁誉当作生命一样珍视。现场参观的人会看到，在这里从原料入口到酿酒流程，甚至于选用酒瓶，每一步都十分严格，不允许有半点马虎。原辅料要求必须是无虫害、无霉烂、不变质的；必须是颗粒饱满符合相关质量标准的；必须有三人以上联名批签的，符合这些条件方可入库，否则拒收。而在密闭的生产车间内，人们透过高处的玻璃窗能清楚地看到里面的生产线上秩序井然，员工聚精会神坚守岗位，不可有半点松懈和偷懒。从白酒灌装到装箱打包竟然要经过三道关口，中间要一瓶一瓶逐一查看，确保无任何问题，才可通过。既有常规检查又有末端抽查，可以说最终达到万无一失的程度。企业设有"监察室""品酒室"和"研发室"，他们通过对白酒的严格检测和品评把关，确保产品保持品质优良，符合出厂要求。凡进入这个车间的工作人员，必须要经洗手消毒和两次更衣方可入内，做到生产环境清洁安全。原酒勾调为成品酒后，必须经过一年以上存放观察，才能推向市场，确保了响沙白酒的质量得以稳定提升。

　　成功的路上总会有绊脚石会意外出现，或一支冷箭射来，有时让人防不胜防。有些不怀好意的人，总会在不该出现的十字路口出现了，当他们看到你大踏步前进时，心情阴郁思想黑暗，看不惯别人的好，使绊子是他们的一贯伎俩，故意制造谣言，混淆视听，广泛传播，像发现新大陆似的捂着半张嘴，神眉佛眼地对路遇的朋友讲，响沙酒存在用酒精勾兑的问题，再不能喝了，身体是自己的，喝坏了谁买单？一些不知内情的人信以为真，以讹传讹，造成一些不良影响。

　　谣言总是不攻自破。面对这些谣传的出现，响沙酒业董事长徐向东早有应对之策，他经常邀请销售金牌客户、延安精神研究会、工商联成员、老干部及文联所属的作协、摄影家协会、书法家协会、美术家协会等，进厂参观专访，这些身临其境的人，通过现身说法和作品说话，对那些传闻进行了有力回击。董事长徐向东在直播间或者其他公开场合，勇敢地站了出来，掷地有声地告诉人们："在我们响沙酒业，所出的酒全部是纯粮酒，没有一瓶是用食用酒精勾兑出来的，更不要说用工业用酒精或拿其他厂家的酒来勾兑，这些与我们没有任何瓜葛。倘若发现问题，我们以一赔万，请你们放心，我徐向东一言九鼎说话算数。我们响沙酒业是以诚信赢天下，绝不以出卖良心和人格来赚钱。现在我们连一家挂名的连锁分店也没有，就是怕损害了我们的品牌声誉。"

　　对白酒生产稍有常识的人就会知道，其实"勾兑"之说在任何一家酒厂都是离不开的。勾兑酒就是将不一样的酒进行不同混合，来达到酒体之间的互补，让不同酒的香气、作用混合，达到一个制衡作用。白酒混合酿造的时间长短以及其他因素的不同，产出的酒味道就会不同。因为纯粮白酒必须经过勾调后，才能成为各个不同档次的多品种系列白酒。但这种勾兑与那种用工业酒精进行的所谓"勾兑"是完全不同的两个概念。用工业酒精去"勾兑"白酒，实际上是对白酒酿制正当程序的一种偷梁换柱，容易混淆视听，是对白酒正常勾兑的严重玷污。目前国家只允许用食用酒精勾兑白酒，但严格禁止用工业用酒精"勾兑"白酒，因为其对健康有害无益。响沙酒业完全以纯粮酒勾兑，其产品就是最安全的绿色品牌，完全可以放心饮用，大可不必谈"勾兑"色变。

白酒市场的竞争日趋激烈，酒企风起云涌，民间作坊更是多如牛毛，数不胜数，就像演唱会，你方唱罢我登场，相互的比拼不亚于诸侯割据一样惨烈，甚而达到你死我活的白热化程度。在白酒质量普遍提升的今天，市场本身还是那么大，喝酒的群体和消费水平还是那么高，强挤硬塞的现象此起彼伏，如何才能提高白酒的市场占有率显得尤为重要。不仅要抓住消费者的胃，还得抓住消费者的思想，就像网红要抓住粉丝一样，粉丝是直播网红的衣食父母，一旦大批粉丝撤离，取消关注，直播售货就无法生存难以为继，同样消费者就是一个酒企的衣食父母。

为了扩大销售量，使响沙牌白酒达到稳定销售的目的，徐向东带领响沙酒业集团，坚持以市场为导向，以经销商为依托，以消费者为中心，在复杂多变的营销市场中，涌现出一批志同道合的合作商，相互理解支持、合作共事，汇聚了一股强大的响沙正能量，凝聚了一片永恒的响沙情节。聚焦响沙酒业的交往平台，对响沙酒业的客户、供应商、经销商以及社会各界朋友，给予亲情般的关照和关爱，志同道合风雨同舟，建立了深厚的情谊和稳定的关系，这是徐向东及其响沙人的宝贵财富，也是他们取之不尽的一座精神富矿。在公司发展顺利时，朋友举杯同庆，在公司遇到挫折时，朋友倾心相助，是真情举动给了响沙酒业前进的动力。响沙酒业不仅是响沙人的响沙酒业，更是社会的响沙酒业，是每一个消费者的响沙酒业。达拉特旗大小酒店酒品主打产品以响沙酒为主，琳琅满目种类齐全，适合各类消费者的消费需求。而兴达阳光、真金国际、天河明宴城、牛舍得、晶晶宾宴城、弘源盛世、东达假日等几大著名酒店，响沙酒更是主打酒品，销售数量一直独领风骚，随着疫情风险逐步降低，消费数量更是直线攀升。在占领了本地市场后，响沙酒业在呼包鄂"金三角"地带，同样有一大批响沙酒的拥趸，在维护和扩大响沙酒的市场和知名度。而随着网络直播大行其道，响沙酒名气的触须随着网红名气的提升而不断向外延伸，在晋陕蒙市场不断扩大，销售量不断突破新高。取得如此辉煌成就，就有响沙酒品质提升的内因，也和网红们对响沙酒的钟情和厚爱不无关联。特别是每当徐向东现身于网红直播间时，网红们都称呼其为"大哥"。通过网红之间的相互传播，响沙酒声名远播，知道质量上乘响沙酒的网红不断扩散，销售量也在渐趋攀升。有句俗语说得好：要想抓住一个男人的心，首先就需要抓住他的胃。那么可不可以说，要想网红喜欢响沙酒，就需抓住他的心？这方面徐向东做到了，而且取得了巨大成功。

取得如此辉煌的成功，确实不是一件容易的事。既不是徐向东巧舌如簧笼络了人心的星火喷溅，也不是高音喇叭吼出来的昙花一现，而是响沙酒品牌效应的无声代言。

演艺明星做代言，星光灿烂不夜天。2010年，响沙酒业与鄂尔多斯籍著名歌星腾格尔签约，邀请腾格尔担任响沙酒业形象大使，为响沙酒业代言。2018年开始，响沙酒业与内蒙古艺人吕志强（小甜瓜）签约合作，通过线上宣传公司产品，进一步提升公司影响力和百姓知晓度。公司通过户外广告、电视宣传等途径加大对产品的宣传力度，在众多消费者心中留下了响沙印记。

抱团取暖合作共赢，温度互导暖衣热襟。响沙酒业根据酒店消费白酒量大的实际，他们抓住客户的心理，适时做起了酒店产品，根据不同需求，生产出了高中低档三类产品，种类繁多，既有日常消费酒品，也有红白宴席的酒品，挂店方的牌子，比如：弘源酒店挂"弘源金茅"的牌子，蒙古大营挂"元大汗"的招牌，既不乱价，酒店又有收益，互利互惠，物美价廉，消费者也乐于接受。

金牌客户送旅游，名山胜景脚步留。响沙酒业规定，凡是销售响沙酒达到一定数量的客户，响沙酒业给他们免费送旅游，提升了响沙酒的销售份额。响沙酒业公司每年拿出经费近 200 万元，由销售经理带上客户游玩，把全国各地的著名旅游景点几乎走遍了，国外许多地方也安排了游玩，足迹踏遍名山胜景，留下了他们宝贵的记忆。国内的大江南北甚至港澳、台湾，国外的新马泰、朝鲜、韩国、俄罗斯等国，都留下了客户来去匆匆的身影。出去旅游的目的是增加感情，拉近友谊，拓宽市场，互利互惠。就此，徐向东的父亲也经常带着客户，跑遍了祖国和世界各地，领略了祖国的大好河山，享受了世界风光的无限魅力。可谓是成本最低、效益最大化的一项促销活动。

　　稳定提升地方市场，春风化雨扩路拓疆。一方水土养育一方人，白酒的区域销售特点很明显，特别是清香型白酒地域性更强，因而稳定当地市场是响沙酒业的重要手段和长远计划。从 2020 年以来，由于受到疫情影响，人们谈"疫"色变，似乎一脚不慎就踏入万丈深渊，酒店在一段时间内拉帘挂锁，就是开着也是门可罗雀门庭冷落。疫情在本地虽然只是新闻视角，但阴影依然残存在人们惧怕的印象里，一时还难以清扫得一干二净。面对市场重重阻力，徐向东和他的响沙团队，积极寻找出路，打开人们思想的壁垒，一是分阶段邀请全旗苏木镇、村嘎查班子成员，走进响沙酒业参观，走车间，看窖藏，让他们知晓响沙酒是真正的纯粮酒、放心酒。参观过程中，大家群策群力各抒己见，畅谈响沙酒业的发展高见，倾听各家肺腑之言。举行接待宴会，让他们畅饮响沙纯粮酒，从中领略响沙酒的神奇韵味，带动全旗人民吟唱大美达拉特，共喝响沙美酒。其次，响沙酒业每年举办一次消费者答谢酒会，并送上过年礼品。三是邀请 300 多名六十岁以上的老年人，在每年的年初，响沙酒业举办一次新春联谊会，让这些生活阅历丰富的老年人，聚在一起嘘寒问暖，真正感受响沙酒业的温情暖意，让他们把"喝了响沙五粮清香酒，扬眉吐气更长久"的思想在大脑中扎根，让"大美响沙"的诚挚像春天的和风，夏日的细雨，秋天的谷香，冬日的暖阳一样常驻人们的心田。

响沙酒业开展的多渠道多层次有创意的活动，让感动变成行动，让真情化作一股清流，打响了响沙酒的消费"保卫战"，把每一次有创意的活动搞得祥和、热烈，酒企、消费者达到了和谐共赢。

"线上＋线下"齐发力，双管齐下组合拳。2019年，以互联网为代表的生产技术的革新正悄然而至，引起一场"消费关系"的大解放，人们的购买方式、支付工具、分享渠道都在发生改变。随着市场的变化，线下增速开始放缓，线下线上开始融合。线上线下有效结合统一，新零售从中产生。响沙酒业就是线上线下两条腿走路，门店与网点相互补充，线下体验、线上购买，相辅相成，走向了新零售模式。随着"响沙"牌清香型白酒引起广泛关注，徐向东的人脉也在不断拓展，他充分运用近年来热度较高的线上直播销售渠道，联合呼包鄂及周边省区20余名网红，通过快手等平台线上展示、宣传、销售响沙系列产品，并针对线上粉丝专门开发研制适销对路的线上产品（小甜瓜、九儿红、女汉子等），让更多的消费者品尝到响沙美酒，让他们领略响沙酒的清醇、厚重的内涵，相互带动，形成宣传链条，助力推广响沙酒。"响沙酒好喝不上头"，已成为人们随口而来的一句口头禅，广为传播。粉丝的力量是无穷的，那些追"网红"族从铁粉练就为"钢粉""银粉"，甚至是"金粉"。在网红的互动下，响沙酒不仅在内蒙古的呼包鄂"金三角"地区舞枪弄棒，还在内蒙古大地上开花结果，而且在周边地区也名声鹊起，为响沙酒的后续发展，增添了无限的活力。目前，销售、宣传响沙酒业产品的线上平台粉丝总数已超千万。

一个企业一个品牌取得阶段性成功，红极一时并不少见，但经历了五十年风雨沧桑仍然屹立不倒，竞争力愈来愈强的品牌凤毛麟角，响沙酒业就是一个奇迹，这个奇迹的传承者和发扬光大者就是徐向东。这个企业之所以能够保持经久不衰的生命力，并且不断发展壮大，与企业家徐向东的开拓与引领密不可分，也与广大职工共同拼搏奋斗和无私奉献有着千丝万缕的联系。

这就是响沙酒业，一个中国正北方正在崛起的民营企业，让我们不得不为此赞叹，不得不为之高歌。

和徐向东接触久了，真正认识与了解了徐向东，你便发现徐向东是一个奇人，一个外行一个转身就成了内行奇人。究其原因，一是会用人敢用人，二是不用扬鞭自奋蹄，这就是他的高明之处，别人可能一辈子办不到的事，对他来说，说不定瞬间可为。许多看似办不到的事情，在他手上顺理成章，像变魔术一样成了现实。徐向东无疑是一个能把一手烂牌打成好牌的高手，也能把无趣变成有趣，把难受变成享受的人。

第十六章　好善乐施　扶贫济困

企业发展愈艰难，投身公益心自安。

扶贫济困积厚德，立业为民再登攀。

在达拉特境内，母亲河自西向东奔流，留下一路富庶一路歌，而徐向东的出生地就在河的上游。那里有黄河浪，那里有鲤鱼香，那里有四野茫茫的河心岛，那里曾有他的梦想与渴望，那里掩埋着他的胎衣和童话，那里是他成长的摇篮。在若干年后，功成名就的徐向东，胸怀四野，难忘乡里乡亲，那里是他的根，在困难时他不遗余力，需要时他冲锋陷阵。他是一个最重情义，也最懂得感恩的人。他常说："人不能忘本，忘本的人就失去了人性。吃饭不忘种谷人，饮水不忘掘井人，乘凉不忘栽树人，出行不忘筑路人。"因而，他把社会的给予，当作一种责任，扶贫济困是他的另一块阵地，人生的集结号在另一领域嘹亮吹响，他广泛参与，积极奉献，不以物喜，不以已悲，是机遇造就了徐向东的成就，是责任成就了徐向东的大爱。

在一次座谈会上，作为功成名就的企业家，徐向东居功不傲，洗耳恭听大家的意见和建议。而后他侃侃而谈，一吐肺腑，他胸中装着雄兵百万，谈笑间方领雄才大略。谈着过往，笑对未来，胸有成竹，下一步企业发展的战鼓，已经重锤擂响。

从艰苦生活环境中走出来的徐向东，体会最深的莫过于饥饿和贫穷对人造成的伤害，是永远抹不去的疤痕，天地恩情永难相忘。贫民出身的徐向东，自小在泥水里摸爬滚打一路走来，艰苦朴素是他的本色，奉献爱心是他永远的本真。在他的事业还在逐步建立的初期，他的人生还在低潮时，只要遇到急需帮助的人，他便会毫不犹豫倾情出手。随着他的事业从无到有，从小到大，一步步艰辛的创业筑起了人生的高度时，他更是仁心济世倾情相助，毫不含糊。他不仅拥有一个企业家的理念，而且有一个慈善家的襟怀。他把自己的经历放在社会大舞台上，用贫民的奢望掂量着自己。他常说："一个成功和有良心的企业家，一定是一个令人尊敬的慈善家，否则你就什么也不是，我要做一个企业家和慈善家兼而有之的人。只要我手中有一块钱，你如有急需就分给你五角，至于我以后怎么办，你别管。"这句话说出了一个正直企业家的心里话、良心话。他的行动就像涓涓细流滋润着人们干渴的心田，他的人间大爱温暖着那些在困境中渴望帮助的人。

世界上的事情说得容易做个难，舌头没脊梁话可随便说，但兑现承诺不是一件简单的事。说了算，定了办，干必成，是徐向东做人做事的一贯作风，从不食言，大爱无疆是他的另一个标签。

和谐美好社会的建设，需要每个人积极奉献出属于自己的力量，这样才能用小爱汇聚成大爱，让更多人感受到来自这个世界的温暖，享受到幸福生活的美好。在十几年前行发展的历程中，徐向东带领着响沙酒业强大的企业团队，助力地方经济，为国家经济做贡献的同时，从来不曾忘记自己的成功离不开四面八方的支持，带领响沙酒业投身到反哺社会之中，响沙酒业感恩、回报社会的责任和担当一如既往。勇于承担社会责任，聚焦公益慈善事业，情系民生，饮水思源，把企业放在战略高度，积极为爱我家乡、兴我家乡献出一片爱心和赤诚，积极组织或是参加多项公益慈善事业，主动自觉地参与捐资助学、尊师重教、抗震救灾、扶贫济困、救病助残、关爱环卫等公益事业，他个人和企业累计捐款捐物 3000 余万元，用实际行动为社会奉献企业的一颗大爱之心。可以说，一个胸怀大爱的人，品德自然也高尚。

关心帮助弱势群体，助力扶贫帮困，是徐向东又一关注的焦点。这项关乎民心的工程似乎成了他的责任担当。他认为，关心帮助弱势群体不仅是政府的职责，也是全社会的责任，更是一个企业家的情怀。为此，他把关爱的双手伸向了切实需要帮助的人，让他们真正体验一个企业家涓涓溪流般的人间无疆大爱。

这个世界上从来没有从天而降的英雄，只有挺身而出奉献青春年华，该出手时又肯出手的实干家。徐向东就是这样的实干家，他常说，我做任何事情的基点和底线，就是高兴了自己，快乐了他人就足矣。让我们走进徐向东的爱心世界，品味他不一样的人生况味。

2003年，为支持家乡人民抗击"非典"，还处于困难中的徐向东，一马当先，以个人名义首批向旗人民政府捐款5000元，在关键时刻，奉献了真情和爱心。这一年的7月29日，鄂尔多斯达拉特旗天降大雨，突发一场百年不遇的特大洪水，达旗许多地方遭受了严重的自然灾害。徐向东的家乡乌兰计三百五十多口人赖以生存的五百亩良田被洪水冲毁，不但当年颗粒无收，而且给今后的生活与生产带来了不可修复的严重恶果。为此，徐向东记在心上，落实在行动上，他率先发起了为家乡献爱心行动，将价值五万元的大米、白面、白酒捐献给家乡受灾农户，并随同旗党政领导走进灾区向家乡人民嘘寒问暖，献上了企业家的一片人间大爱。他的爱心传递，得到了连锁反应，在家乡掀起了一场爱心接力赛。

达拉特旗展旦召苏木村民姚月贵是一个双目失明的人，以做鼓匠为生，妻子是小儿麻痹症患者，一家四口生活难以为继。在这个不幸的家庭里，屋漏偏逢连阴雨，在姚月贵外出当鼓匠期间，妻子不幸去世，留下了十岁的姚小花和十二岁的姚丽花姐妹俩，使这个破碎的家庭生活陷入了绝境。徐向东无意中得知这个消息后，主动与姚月贵取得了联系，实地了解了这个家庭的详细情况，他从1998年起，连续在两年的开学时，

主动上门送去学杂费
3000 元。为了彻底解决
这一家人的生活窘境，
2000 年，徐向东果断决
定将姚月贵送到敬老院
生活，负责全部生活费
用，把两个孩子接回自
己家中抚养，并承担两
个孩子的全部生活和学
习费用。现在学有所成

1998 年，徐向东收养的困难家庭儿童姚小花、姚丽花

的丽花和小花姐妹俩大学已毕业，怀着一颗感恩的心，报答社会，成家
立业，经常到恩人家中探望，令徐向东十分欣慰。

　　从 2007 年 6 月 1 日起，徐向东每年出资一万元，作为一项助学基金
支持家乡教育事业的发展。

　　2008 年 5 月 12 日，四川汶川发生里氏 8.0 级地震。人民的生命财产
受到重大损失，引起社会各界广泛关注。响沙酒业董事长徐向东带头向
达拉特旗红十字会捐赠款
物 2 万多元，并组织全体
职工进行募捐，为汶川灾
区献上了一份爱心。

　　从 2009 年至今十多
年时间里，徐向东已约定
俗成，在每年的春节前，
为达旗近千名环卫工人每
人赠送一件响沙酒，总价
值 20 万元，他用实际行

2015 年，响沙酒业慰问环卫工人

动关爱这些被人们赞誉为"城市黄玫瑰""马路天使"和"城市美容师"的人，温暖他们受寒受冻的心，让他们愉快度过一个个祥和喜庆的新春佳节。

随着响沙酒业的健康成长，不断发展壮大，徐向东的爱心捐献也在不断增加，资助人员数量和金额逐年扩大，把爱心的道路和桥梁越建越宽越修越长。

家住吉格斯太镇的苏娇、苏傲姐弟俩，是出身贫困家庭的孩子，全家六口人，爷爷、奶奶、爸爸都患有脑梗，没有固定的经济来源，平日一家人的生活全靠周围人的接济。2008 年，苏娇考取了赤峰学院，同年弟弟苏傲也以优异的成绩考取了中国矿业大学，姐弟俩是在众人的资助下才踏上求学之路的。而 2009 年又再次面临开学，懂事的弟弟暑假期间没有回家，利用假期打工求学，但这远远不够高额的上学费用。就在全家人为学费团团转时，响沙酒业集团得知情况后，主动出面联系，为姐弟俩募集了一万元救助金，为这个贫困的家庭解了燃眉之急，资助两个孩子上大学，为处于困境中的一个家庭，打开了希望的大门。受到响沙酒业的资助后，苏娇、苏傲姐弟俩在校期间努力学习，奋发向上，以优异成绩回报了曾经帮助他们的好心人。姐姐苏娇现为达旗的一名小学教师，弟弟苏傲毕业后在江苏南京某设计院工作。

2010 年 4 月 14 日，青海省玉树县发生了里氏 7.1 级地震，地震造成重大的人员伤亡和财产损失。地震发生后，引起达旗各族各界的高度关注，他们热情似火真情澎湃慷慨解囊，主动捐款捐物，让灾区的群众渡过难关，在这次捐助行动中，徐向东个人捐款 2 万元。

2010 年 12 月，徐向东把捐赠扩大到外边，他为呼和浩特市环卫工人捐赠价值 20 万元的物品。2017 年，响沙酒业又为包头市土默特右旗环卫工人捐赠物资 20 万元。他的做人处事的态度是不鸣则已一鸣惊人，他慷慨大方的大爱精神可见一斑。

2011年，是响沙酒业董事长徐向东捐款捐物最多的一年。仅9月份，他就向社会各界捐助款物41万元。其中，为中和西镇捐助5万元助学资金，用于资助贫困大学生；为达旗恩格贝镇牛场梁村白血病患儿闫小宇捐款2万元，助其战胜病魔；为晋陕蒙老年羽毛球比赛捐款物12万元；为内蒙古残运会捐款捐物12万元；中和西镇重病患者裴小凤女士，患了淋巴癌，经多方医治花了大量治疗费，债台高垒，后续治疗还需大量资金，徐向东知道后，作为中和西老乡，他十分同情裴小凤的处境，于是慷慨捐款5万元，又联系相关爱心人士共同捐款，解了裴小凤的燃眉之急，使她的病得到了及时治疗，现已痊愈；他组织中和西镇十六、十七班初中同学一起捐款85万元，成立了中和西扶贫助残基金会，其中徐向东个人捐款10万元。2012年，达拉特旗极端天气频发，从当年的7月底开始到8月初，由于连日的强降雨，黄河达旗段西起中和西东至吉格斯太过境流量持续上涨，水位上升，沿河各苏木镇水情暴涨，许多村庄变成了汪洋泽国，部分地区堤坝决口，河头地部分农作物被淹，给人民群众带来较大财产损失。全旗132个嘎查、村庄，受灾嘎查、村庄就达到91个，受灾人口15.6万人，受灾农作物87.62万亩，共造成直接经济损失7.5亿元。

大灾无情人有情。灾情发生后，响沙酒业董事长徐向东第一时间为遭受自然灾害最为严重的中和西镇捐款10万元，把温暖送到遭受灾害严重的大学生家庭，让他们在自然灾害后能够继续学业。

2013年，响沙酒业为呼包鄂老年门球赛赞助10万元，为旗政府在扶贫一帮一活动中捐物4.5万元。

2014年12月21日，"奉献爱心救助白血病患儿王凯跃"募捐活动，在达旗响沙假日酒店举行。王凯跃出生于达拉特旗恩格贝镇耳字沟村，2014年4岁。这么小的年纪，本该是依偎在父母怀抱中听故事，哼歌谣，享受烂漫童年的年纪，而他不幸被确诊为重型再生障碍性贫血，正在等待合适的时机，移植父亲的造血干细胞，但巨大的医疗手术费，是一道难以逾越的坎，让他的父母愁眉不展。由旗红十字会主办，达旗心诚创业大学生志愿组织承办，响沙假日酒店协办的活动中，三方共同搭建平台，现场为小凯跃筹集善款 3.7 万元。

2014 年、2015 年两年中，徐向东为市级贫困村中和西镇官井村分别捐赠 4.5 万元现金和 5 万元的物品。

2016 年为中和西镇乌兰计村农民重症患者赵宝捐款 2 万元，为达拉特旗健祥苑老年公寓捐款 5 万元。当年 9 月，在旗人大代表结对帮扶活动中，徐向东为特困家庭学生柴星月每年资助 5000 元，直至大学毕业。

走向社会后，年少时没有得到更多教育机会的徐向东，深知缺少文化知识的弊端，他对老师的教诲铭记在心。他利用各种学习机会，充实提高自己。在外出学习的课堂上，那些语惊四座学富五车的教授，让他钦佩不已，他下决心如饥似渴地努力学习，把短暂的时间用在了学习上，不断提高自己的文化知识和管理技能。他时常想起他昔日的那些老师们，在条件艰苦的乡村，为人授业解惑，不计报酬，不计回报，默默无闻，为了下一代呕心沥血无私奉献，丹心普照令人钦佩。他最为关注的还是教育，不仅为上不起学的孩子提供帮助，还给那些受人敬重的教师，在隆重的节日上让他们风光无限地走上前台，接受人们隆重的嘉奖，他的举动着实让人感动。2016 年 9 月 8 日，在教师节来临之际，响沙酒业隆重举办了庆祝第 32 个教师节暨响沙酒业尊师重教感恩奉献主题酒会，响沙酒业邀请了全旗的优秀教师和各个学校的教师代表 300 余人，为辛勤的园丁不仅奉献了丰盛的大餐，还为他们准备了精美的礼品，让那些受人敬重、德高望重的教师们享受到来自响沙酒业的温馨问候。

2017 年 7 月 12 日，以响沙酒业冠名的"响沙酒业杯"精准扶贫活动正式启动。在启动仪式上，响沙酒业首批资助了 16 名贫困大学生，给予每人每学年资助 3000 元资金，直至大学毕业，让这些贫困家庭的大学生在校期间安心读书，使他们在大学校园里幸福生活、快乐成长，多学知识掌握技能，为将来走向社会打下良好的基础。响沙酒业资助的这批大学生，2021 年已全部毕业，他们怀着感恩之情走向了社会。

2017 年，"响沙酒业杯"精准扶贫活动启动仪式上，
首批资助 16 名贫困大学生

　　2017 年 8 月，中和西镇教职工之子刘子瑜患了重病，需及时筹资进行治疗。为此，响沙酒业在白塔公园举行了响沙白酒义卖活动，共计销售白酒 1.8 万元，义卖款项全部捐助了刘子瑜，徐向东以个人名义捐款3000 元，为患者刘子瑜及时治疗解了燃眉之急。

　　2017 年元旦小长假期间，由响沙酒业赞助 20 万元，以"响沙酒业杯"冠名，由达拉特旗体育局、乒乓球协会、响沙酒业共同承办的呼包鄂"响沙酒业杯"乒乓球超级大奖赛在达旗体育馆举行。此次比赛共设 9个项目，参赛队伍有 79 支，参赛运动员达 271 人。

　　近年来，徐向东的家乡乌兰计村发生了翻天覆地的变化。随着农村空巢老人越来越多，农业机械化水平不断提高，原来的家庭联产承包责任制模式又出现了新变化，农村合作化逐步兴起，合作社经营的土地，数千亩甚至上万亩，已不足为奇。乌兰计村合作组织还建起农产品、滴灌材料加工厂。为此，在 2017 年，徐向东为家乡中和西镇乌兰计村的合作社捐款 10 万元，为合作社逐步走向正规化鼓劲加油。

2018 年 2 月 4 日，内蒙古网络春晚以"为内蒙古点赞"为主题的文艺晚会，面向全球直播。节目依托互联网平台及内容元素，积极展现内蒙古各项事业的发展成就，唱响新时代主旋律，展现新征程新气象，是内蒙古一年一度的互联网文艺盛事，不仅在自治区内具有较大影响力，还得到了全国乃至海外内蒙古籍人群的广泛关注，内蒙古网络春晚与中央电视台网络春晚等共同被评为"全国十大网络春晚"。在这次网络春晚上，响沙酒业赞助价值 5 万元产品。

2019 年 9 月，达拉特旗拍摄干部驻村下乡电影《驻村的阿外》时，响沙酒业伸出了援助之手，为这部微电影赞助了 2 万元的物资。微电影《驻村的阿外》以达旗包联驻村干部为主题，讲述了年轻干部巴特尔在驻村工作中，用心用力落实十项重点任务的感人故事，展现了驻村干部在脱贫攻坚、全面建设小康、服务群众中的奉献历程，也展现了全旗驻村干部不辱使命、勇于奉献的实干作风和奉献精神，体现了新时代干部奋发图强、拼搏奉献基层的决心，更体现了全旗各级党员干部不忘初心、牢记使命的担当。这部微电影拍摄完成后，得到了社会广泛关注，引起了不小的震动。在 2020 年第八届亚洲微电影艺术节上，此部微电影获得了"扶贫单元"最佳作品奖。

2002 年—2019 年的 17 年间，响沙酒业先后赞助鄂尔多斯市委、市政府、达拉特旗委、政府以及旗直各部门举办的各项文化公益活动和帮扶全旗 1249 个五保户，捐款捐物价值 900 多万元，还先后向达拉特旗红十字会捐款 50 万元。

2019 年 10 月 17 日，达拉特旗扶贫基金会正式成立，在启动仪式上，响沙酒业捐助现金 5 万元。

一方水土养一方人，一方水土造就一方神奇。作为一家民营企业的响沙酒业，多年来，把承担社会责任作为自己的一大主题，他们一肩挑着企业的发展，一肩挑着社会责任，奔驰在国泰民安的康庄大道上。在国家脱贫攻坚战中，他们时时为民众着想，处处为国家分忧解愁，做出了自己应有的贡献，展示了一个民企的活力和爱心。

号称八百里河套之"前套"的达拉特旗沿黄地区，农牧业历来都是重头戏，属于国家粮食和渔业生产基地。响沙酒业富农惠农的强劲发展势头，在振兴产业经济上做了大量的文章，成就有目共睹。作为内蒙古扶贫龙头企业的响沙酒业，响应国家精准扶贫的号召，把扶贫工作作为企业的职责和己任，投入了大量的人力物力，积极投入到脱贫攻坚战役中，参与精准扶贫，致力乡村振兴。借助自己的优势和产业特点，通过发展订单高粱种植、提供酒糟带动养殖业、负责包销农产品、参与"百企包百村"活动、有效帮扶贫困学生等五种扶贫措施，带动贫困户脱贫致富，以实际行动助力达拉特旗旗委、政府脱贫攻坚，为建设"亮丽黄河湾，多彩达拉特"贡献了企业应有的力量。

企民共建，发展订单高粱种植，是响沙酒业助农的首要措施。响沙酒业依托达旗农业资源优势，从 2010 年开始，为了保证酿酒原料从源头上得到安全可靠的保障，确保优质红高粱的有效供给，还能带动农民增收致富，为脱贫攻坚注入有生力量，响沙酒业站在讲政治的高度，在沿黄地区建立了优质红高粱种植基地，产前与农牧民按保护价签订种植合同，在订单签订过程中，公司侧重向政府评定的贫困户倾斜，收购价每公斤高于普通种植户一角钱，保障贫困户稳定的种植收益，极大地调动了农民的积极性。产中为农民提供种植及管护技术指导，产后按保护价收购订单高粱，如收获后高粱市场价格低于订单价格，公司则按订单保护价收购订单高粱，如收获后高粱市场价高于订单价，公司则按同期市场价收购订单高粱，为农民吃上了定心丸，确保了有效种植面积。一批绿色、生态、高品质的高粱源源不断地提供给酒业公司。有了原料的保障，就有了好产品的产出。十多年来，响沙酒业累计种植订单高粱 2 万余亩，带动周边 500 多农户增收近 2000 万元。

为了有效长远带动贫困户的脱贫致富，响沙酒业公司又把产出的酒糟优先优惠提供给贫困户，带动了贫困户的养殖业，为增收脱贫打通了另一条渠道，让贫困户快速致富。响沙酒业生产白酒的酒糟，是发展养殖业的极佳饲料，富含多种动物所需的营养成分。目前，酒糟市场销售价为 450 元 / 锅，公司以 400 元 / 锅供应给贫困户，并负责送货上门，带动贫困户发展养殖产业，节省了饲养成本，提高了养殖收益。在响沙酒业的鼎力支持下，贫困户就此不仅脱了贫，还走上了富裕之路，成为发家致富的带头人。近几年来，响沙酒业累计帮扶贫困户节省饲养成本近 1000 万元。

包销贫困户的农畜产品，是响沙酒业的又一扶贫之举。食材的绿色安全，是一家酒店长盛不衰的生命力，也保障了食客的健康和安全。响沙酒业的响沙假日酒店、响沙蒙古大营、响沙敕勒川蒙古大营、响沙豪门盛宴几家在当地有着举足轻重的大型酒店，年农畜产品食材用量巨大。近五年来，有人专门做过市场分析，响沙酒业所属几家大酒店的销售额占据达拉特旗餐饮业的半壁江山，特别是红白宴席占据的份额更是坚挺持久，尤以物美价廉品位高所著称，深得消费者的信赖和推崇。他们所取得的这些成就，主要体现在两个方面，一是销售队伍强盛，除了酒店打造了一批专业营销队伍外，在社会上也有一批兼职的营销队伍，他们在获取第一信息后，及时向酒店反馈。酒店就派出精明强干的营销队伍，进行攻城拔寨。另一方面是食材的安全绿色，也是保障酒店营销额直线上升的原因。为此，响沙酒业几大酒店始终尊崇和守护着这一防线，让消费者吃得舒心吃得开心吃得放心。他们优先选用当地贫困农户可供应的农副产品，既解决了部分贫困户农畜产品卖难问题，还充分依托酒店餐饮带动贫困农户的生产销售，又从源头上保障了酒店食材的安全可靠，谨防出现牵一发而动全身的恶性事件，一旦出现意外可溯源追踪，避免了无源可溯的尴尬境地。响沙酒业累计已采购周边农户菜类、肉类等食材近 2000 吨，带动农户增收了 4000 多万元。

农民出身的徐向东，身上抹不去的永远是农民情结，他始终秉承"做受人尊重的企业"的理念，心怀大爱，在自身稳健发展的同时，没有忘记自己肩膀上应该挑起什么样的担子，才能让他的内心不会失去平衡。响沙酒业作为一个有高度责任感的企业，情系民生，饮水思源，为民解忧，用真情和爱心回馈社会各界的厚爱，积极参与社会公益事业，为困难群体或个体走出困境开路搭桥，书写了一曲又一曲大爱之歌、奉献之曲。

徐向东深入帮扶村调查了解村集体经济发展情况

响沙酒业发挥民营企业自主优势，主动承担社会责任，全身心投入"百企帮百村"活动，助力振兴乡村经济献计出力。他们自从"百企帮百村"活动开展以来，承担着一个民营企业更大的责任和担当，他们突破了"百企帮百村"的简单界定，而是毅然承担了一企帮两村的责任，以果敢和作为率先走在了帮扶的前头。先后投入大量的物力财力为中和西镇官井村、乌兰计村大力发展村集体企业出力，打破村集体经济零的记录。

为帮扶村困难党员、困难家庭送去慰问品，让他们真心感受到社会大家庭的温暖。

2020年10月，在响沙酒业承办的中和西镇乌兰计村首届乡贤会上，响沙酒业带头捐助5万元，并组织号召其他乡贤共捐款近20万元，助力村集体产业的快速发展。

在2020年教师节上，响沙酒业为全旗评选出的259名优秀教师赠送了价值7万余元的响沙酒。2020年10月18日，鄂尔多斯市第三中学举办20周年校庆活动，响沙酒业捐助现金50万元。2020年九月初九，在响沙酒业封坛大典现场，响沙酒业再次为达拉特旗高考文科、理科前3名，中考前3名，每人赠送20斤已经窖藏三年、价值3000元的封坛原浆酒一坛，激励这些优秀的学子以更旺盛的精力完成学业，早日成为国家栋梁之材，为家乡、为社会贡献自己的力量。

2020年，为鄂尔多斯市第三中学捐助50万元

从此，响沙酒业在每年的封坛大典现场，为达拉特旗高考文科、理科前3名，中考前3名，每人赠送20斤已经窖藏三年、价值3000元的

封坛原浆酒一坛。

响沙酒业持续关注达旗学子，引起社会各界的持续热度，反响强烈。

实实在在帮扶贫困大学生，助他们圆了大学梦，这是徐向东从事创业的梦想和追求。他曾经在家庭条件十分困难的情况下，在学业上没能走得更远，让他一直有种遗憾，难以释怀。当他成长后，深感读书的重要性，看到那些勤奋读书，为了改变家庭面貌，而孜孜以求的学生，常常让他心生怜悯，有一种伸出手拉一把的冲动，不能让他们因拿不出学费而荒废了学业，输在了起跑线上，贻误了人生。这是响沙酒业和徐向东持续多年的一贯追求，在社会上也引起了不小的反响。近十多年来，响沙酒业累计投入200余万元，资助了100多名贫困大学生顺利完成了学业，他们在社会大舞台上，正在实现他们的光荣与梦想，在社会各界做着添砖加瓦的事情，有的已经成为企业和单位的中坚力量。

这就是高风亮节的徐向东，这就是助人为乐的民营企业家。

第十七章　企业巨子　儒商通才

生当人杰儒商才，出言戏语皆文章。

回顾过往千千结，大智若愚袖中藏。

古人云："能领兵者，谓之将也；能领将者，谓之帅也。"在我看来，草根出身长相斯文的徐向东，不仅能统领兵冲锋陷阵，还能率领将运筹帷幄决胜千里，文韬武略兼具，不可不为将帅之才。如今事业有成的响沙酒业党委书记、董事长徐向东，事业如日中天。别看他是企业界的成人人士、白酒行业的人中之杰，但他更具儒将风范，说他是儒商通才一点也不为过。有人还说，层次低的人强势，境界高的人随和，智商高的人儒雅。为人谦恭、随和与儒雅正好让徐向东完全对号入座。他说话快言快语，滴水不漏，言简意赅，顺口溜的句子脱口而出。别说一个普通百姓听他演讲会听得传神入迷，就是一个博览群书的学者也会赞叹有加，细细解读，值得玩味。

一个成就大业者，机遇固然重要，但与土地和环境有关。研究徐向东的成长史，让我们从中发现，一个人的成功或气场的形成，与能力与魄力有关；与水平有关；与童年经历、个人学养和善念有关。与家庭的教养有着千丝万缕的联系，身教重于言传。父母是原件，子女是复印件。有什么样的父母，就有什么样的孩子，遗传基因就是原件，后代无疑是复印件，原件的好坏，决定着复印件的成败。研究徐氏家族几代人，不说陕北徐家峁的先祖，单说走西口的徐氏家族的几代人，虽没有出过名震一方的大人物，但他们秉承着一种坚韧不拔的意志和与人为善的精神寄托，吃苦耐劳勤勉务实是他们血脉延续的底色，把信誉当作生命一样重要，宁可让自己吃亏也绝不亏待别人，是构成徐氏家族兴旺发达的秘密所在。谁也没有给徐向东教过怎么从商，他从二十岁开始进入商界，扑腾了几下，不仅没有呛水沉底，反而在商界如鱼得水，先祖悟性和灵性的血脉，在他的身上展示得淋漓尽致。他在事业上腾挪跳跃，从一个陌生领域悄然进入，三十二岁便是响沙酒业的老总，一个有着传奇色彩的老板。这不仅是胆识，更是能力的象征。他由最初的门外汉，几经拳打脚踢，然后左右开弓纵横捭阖，居然变成了领导一个企业的当家人。突然间一个华丽转身，又向另一个产业转换，转向了另一个全新的行业，竟然也成功了，让人看得有些眼花缭乱，无法想象。

有一个叫沐木的作者，写了一本《努力到无能为力，拼搏到感动自己》的书，令徐向东爱不释手，这本书在徐向东看来，就是他人生的不谋而合。这本书里的九句话，经典一样刻在他的脑海，徐向东把它作为人生行为学的大浓缩，抄在日记本上用于诵读。在夜深人静的时候，常伴着徐向东拥枕入眠，让他念念不忘，对他启发很大，或许第二天就是一场义无反顾的出征。不妨我也抄录如下，或许也能感动那些跋涉的人们：努力到无能为力，拼搏到感动自己；当没有退路时，往哪里走都是前进的方向；放弃之前，问问自己是否真的已竭尽全力；生命是一次次蜕变的过程，唯有经历各种磨难，才能增加生命的厚度；能承受委屈，为别人着想，就是佛法；深山必有路，绝处总逢生；我们努力不为别人，只为成就更好的自己；当你向外界发送名为"努力"的电波，好运就会到来；青春之所以美好，是因为有梦想；梦想之所以宝贵，是因为我们会去为它拼搏；敢冲，才不枉青春，奋斗，就是永不止步。

人们对铁杵磨针的故事记忆犹新，徐向东的经历与铁杵磨针有异曲同工之处，倘若没有坚强的信念和永不放弃的实干，绝对是办不到的。

2021年3月，响沙酒业为庆祝建党100周年和建厂50周年，开始了"响沙党建文化馆"的建设，在这次展馆的布展设计中，我有幸参与了文案大纲的编写与策划，与响沙酒业董事长徐向东数次直面交流，他对响沙酒业的鸿篇构思与出手不凡的睿言智语，给我留下了深刻的印象。特别是他的人生每一阶段的抉择与成功转换，富有诗情画意，一种立体感就会在你的面前闪现。由此使我想到，只有熟识一个人，才能打开他灵魂的窗口，走进他的内心世界。在现实生活中，他扮演的是一个企业家的形象，而在品茗和谈话中，他更像一个哲学家和诗人，他有着哲学家的思考兼具诗人的梦幻、豪放。可以说，他是企业家的身份，但有着诗人的情怀和哲学家的睿智。而这些出自徐向东之手的诙谐幽默之语，承载着他创业历程的民谣式的锦句，以"水滴石穿、玉汝于成"的章节，呈现在"响沙党建文化馆"的压轴篇目。我想有必要专门列一个篇章，把他徐氏式的锦言妙语公之于众，予以解读。在谈到他中断学业回到他的家乡，已是年满十八岁的他，开始在社会闯荡，一转身就是三十年。对于这三十年的一瞬间，徐向东不胜感慨，一个人在孤寂的灯影下挠头

响沙党建文化馆一角

赤臂，凝思静想翻卷苦研，大脑在高速运转，从万家灯火辉煌的夜色奋战到月明星稀的晨曦，他把自己的人生之路来回复盘，以顺口溜式的精美语言，最终敲定为九个篇章，和他的吉祥数字"九"楔入铆合。从这些锦言妙语中，我们从中可以看出徐向东的花样年华中的苦辣酸甜咸，以飨读者，启迪他人。

徐向东把自己人生的第一篇章总结为"奋发励志"篇："走出学校返回村，样样农活都精通。务农出路很渺茫，心存抱负要自强。"这是他从校门踏上农村后的务农经历和感受，为准备大干一场做着思想和行动上的储备。尽管隐隐有一丝伤感，但阳光总在风雨后的那种期望漫过他的心间。

"外出打工谋生路，酸甜苦辣志昂扬。"这是徐向东走向社会，闯荡人生的第一次抉择。是他在准备独闯深圳淘金不成，误入筛沙工地遭人暗算的一段经历，难免发出凄凉悲悯的长叹，彰显历练是人生的宝贵财富。"百货公司正式工，忙忙碌碌太平庸。工作打工攒资金，自主创业赌人生。"在国有企业百货公司工作时，徐向东尽管甩开膀子大干，但事与愿违，他的人生命运似乎有些多舛，命运总是在和他捉着迷藏，让他承受一些磨难。苦其心志，劳其筋骨，或许是成大业者的必经之路，让他在历练中成长。徐向东骨子里就是一个特立独行的人，框框架架的限制，让他似困于笼中之虎，难以呼啸高山野岭。他的那段经历难能可贵，这哪是国营百货公司的售货员？完全是一个装卸工和破烂王，对现在受人敬重、一呼百应的徐向东来说，似乎是不可想象的。但这又是他真实的人生，没有半点杜撰和虚假，让人看到一个成功者背后的艰辛。

徐向东把自己人生的第二篇章总结为"坚韧不拔"篇："毅然转身回故乡，覆膜西瓜做文章。精心打理结硕果，冰心玉壶瓜果香。"这是徐向东人生的又一大转折，他在没有征求父母意见，就毅然辞去公职，独步商海闯天下，这是他人生的再一次华丽转身。有的人一生可能只有一次的抉择，而徐向东则不然，他在又一次的跳跃中，总在选择最佳的起跳点和腾跃方式。

"百货小店锡尼街，卖货送货挑一肩。风生水起做业务，城里乡下全跑遍。"在商海试水成功后，徐向东步步为营，业务逐渐拓展，从城里向乡下延伸，他的脑海里始终有一盘棋，壮志未酬誓不休，再苦再累无所谓。从他的文字叙述中，这哪是一个小老板的样子？而是一个满街乱跑的送货工，但他干得起劲，干得无怨无悔。

"紧盯形势看市场，星火酒店放光芒。遇事冷静有方向，人脉财源相跟上。"这是徐向东在星火糖酒副食行业干得风生水起，在达拉特旗已小有名气的时候，又一次调转船头开辟另一战场，而且走得决绝而坚定，艰苦创业的精神始终没有改变，唯有改变的是他的雄心壮志在不断攀升，一次比一次飞得更高。

徐向东把自己人生的第三篇章确定为"砥砺奋进"篇："非典时期酒店关，接手响沙思路宽。重塑品牌磨意志，浑身活力使不完。家人反对人心散，拉动人脉去变现。遗留问题一大片，职工企业两难全。酒厂陈旧设备烂，杂草垃圾似荒原。人心涣散一团沙，好事要办如登天。"这是徐向东又一次人生抉择，印证了他自幼的宏图大略，实现"心中就想创大业"的梦想，真正体现人生的最大价值，也是徐向东敢破敢立、敢闯敢试、临险不惧、攻坚克难的镇静淡定所造就的人生格局。

接手响沙酒业后，参与其中才知其中滋味。这不是一般的艰难，这和李白的"蜀道之难，难于上青天"也差不了多少。但他深深懂得，生活和精神的富有，都是奋斗的结果，一分耕耘一分收获，道阻险长，行则将至。

徐向东把自己人生的第四篇章总结为"勇毅笃行"篇："改善环境搞卫生，起早贪黑搞营销。查找原因搞创新，改变质量换人心。企业发展不能停，357规划抓根本。联系政府要政策，涉险难关过山车。职工工资翻了番，人心稳定不一般。重塑品牌重宣传，浑身干劲使不完。"这是徐向东入主响沙酒业后，在立足现实面向长远，他在酒业路上展现出的又一不同寻常的风采，如何调动职工积极性，开创了又一新举措。对此，他还总结道："如果每个响沙人都愿意将自己的爱奉献给响沙，那么还有什么力量能阻挡我们前进的步伐？"确实如此，只要凝心聚力没有闯不过的难关。

徐向东把自己人生的第五篇章总结为"钢铁脊梁"篇："协调部门购土地，要建新厂上云端。贷款累积上了亿，连续三年全建完。酒厂建好要发展，突来危机运营难。高利支付真可怕，多年辛苦白忙乱。市场下滑费用大，算账亏下几千万。困难缠身销售难，担保连带把钱还。"这是徐向东在理顺企业的关系后，作出的令人叹而为之的大动作，尽心竭力筹建新厂。也有一些决策上的误判，给商路上一路同行的弟兄担保贷款导致责任同担，背负沉重的负担，难免有一些失落和惆怅。但襟怀坦荡的徐向东，胸怀似乎比蓝天还要宽广，面对困难和烦恼的困扰，他沉着冷静挺胸抬头，一路艰辛一路歌，唱着他的《响沙千里一壶酒》："岁月不老，大河奔流，风里雨里一起走……"

而此时的徐向东正走在人生的十字路口，他依然淡定决绝。在关键时刻，他坚守他的"四千"精神，这是他在接手响沙酒业时，就储备了的人生"干粮"，即历尽千辛万苦、说尽千言万语、走遍千山万水、想尽千方百计。在人生奋斗的路上，不管有什么风雷激荡还是什么刀山火海，只要敢于"历尽千辛万苦、说尽千言万语、走遍千山万水、想尽千方百计"，就没有实现不了的目标，就没有攀登不了的峰巅。而随着事业逐步走向正轨，徐向东满腹文韬武略尽显，他又在原有"四千"精神的基础上，创新性地提出了新的"四千"精神，即千方百计提升品牌、千方百计开拓市场、千方百计自主创新、千方百计改善管理。由最初创业时期的"苦干实干艰苦奋斗"的"四千"精神，升华到了"讲求科学一马当先"的"四千"精神，使响沙酒业攀上了新高峰。

循着徐向东走过的创业之路，两个"四千"精神是他人生轨迹的真实记录，时期不同层次不同，表述也就不同，从他的人生履历来看，既不是虚妄地夸夸其谈，也不是哗众取宠的豪言壮语，而是真实再现了他人生闪亮的光华。

徐向东把自己人生的第六篇章总结为"党建引航"篇："党的光辉不夜灯，照到哪里哪里明。党建引领铸厂魂，不忘初心担使命。党员带领职工干，不等不靠搞竞争。工匠精神岗位拼，精雕细琢职企赢。争做党群先锋队，党的建设铸党魂。建党百年修史馆，特色做法聚人心。响沙酒业盛逢时，一壶老酒晋陕蒙。"作为企业家的徐向东，对党最为感恩，他把党的恩情牢记于心，并在实践中发挥出了党员先锋模范带头作用。他说的最有分量的话，莫过于"我18岁加入共产党，就铁心一辈子听党的话，感党恩、跟党走。父母养育了我，家乡的泥土滋润了我，共产党培养了我，我要用心和热回馈达拉特这片土地和人民。"

这是一位人民企业家为党为人民发出的铿锵之音，是徐向东一生信仰和梦想的坚持。他是这么说的，也是这么做的，几十年如一日，行棋无悔。中国共产党是他终生的信仰，他把信仰当作生命一样重要。在他身上，信仰是骨骼，精神是血肉，信仰是他的追求，精神是他的动力和源泉。

三十年弹指一挥间，在他的身上，人生的步履像年轮一般不断增加，但人生的情怀还是一如既往，平凡中一路狂奔，就像实现儿时的奔跑游戏一样执着。

徐向东把自己人生的第七篇章总结为"勇于担当"篇："企业发展愈艰难，投身公益心自安。扶贫济困载厚德，立业为民再登攀。种养结合两不误，精准扶贫到户端。顾客旅游我买单，深化感情销路宽。营销推出新举措，抱团才能共取暖。回馈社会献大爱，荣誉光环星光灿。"一个受人敬重的企业家，心胸自然要比普通人开阔和博大得多，格局决定了他看问题的高度，眼界决定了他的世界观。像他这样恪尽职守、为社会投放光华的企业家，倘若企业不发展就是天理难容，这是福报和财富的定数。在企业实力扩张的同时，他把大爱献给了社会，献给了人民。他是一位心系发展，热情坦荡，对党忠诚，担当尽责的企业家，他把真情献给了生他养他的这块热土和勤劳善良的父老乡亲。

徐向东把他人生的第八篇章总结为"启迪思维"篇："收缩战略创新高，集中发展率先跑。金融危机难上难，营销突破亿元关。要想企业发展好，科研创新不能少。工作学习两不误，提升自己迈大步。重返高校再读书，思维格局上高度。磨刀不误砍柴工，弯道超车不服输。"作为一个企业家，徐向东经历了太多的艰难险阻，但他视野宽广，着眼长远，定位准确，勤劳工作，发奋读书，在企业的成长中，他也在逐步成长。而事实证明，徐向东的成长伴随着企业的成长，面对问题和困难，他不仅是不耻下问，洗耳恭听，而是打破砂锅问到底，在不断追求中，得到了真知灼见。

徐向东把自己人生的第九个篇章总结为"百年宏图"篇："立足前沿搞创新，五粮清香出了名。健康消费新潮流，权威认证有机酒。明星代言做宣传，企业驰名过了关。传统工艺纯粮造，摘得内蒙老字号。响沙千里一壶酒，创业路上大步走。百年蓝图信心强，宏图大展创辉煌。"一个企业的成败在于市场对你的回馈，一个酒企的生死存亡在于品牌。徐向东在这一点上当仁不让，他懂得科技就是生产力，品牌就是竞争力，他在商海中劈波斩浪，指挥若定，游刃有余。手下不仅拥有爱岗敬业近千名职工的奋力苦干，还聚集了一大批专家、人才，因而响沙酒竞争力越来越强，市场份额越来越大，效益越来越好。

从外表形象上看，徐向东是一个草根出身黑色脸膛彪形大汉，但他的内心是一位腹有诗书的企业家，别看他读完初中就踏入了社会，早期虽然读书不算太多，但他的后期凭着坚强的毅力，名校读，闲暇读，晨也读，夜也读，把学习作为一种生活方式，贯穿在他生活的每一部分，作为他苦乐年华的拌和剂。三十年间的摸爬滚打，面壁十年确实破了壁，竟然蚂蚁搬山般啃下了许多硬骨头，日渐精进，竟然闯出了一片光明灿烂的新天地，取得了内蒙古大学的 EMBA 毕业证书，使自己的人生渐趋充实起来，让人刮目相看。

可以毫不夸张地说，徐向东不仅是一位满腹经纶的儒商，还是一个有情怀有担当的企业家，他驾着达拉特响沙酒业这辆快车，崇尚一流、追求卓越，绘制百年蓝图始终是他追求的目标，收缩战略集中发展，是他的另一个制高点，不贪大求洋，不做形式文章，始终脚踏实地，灵活多样，把响沙酒业这辆快车开向纵深、开向鲜花灿烂、掌声如雷的星光大道。

当你和徐向东面对面坐在他的如响沙酒展厅一样的茶吧时，你一边闻着酒香，一边品茗着茶香，一边拉着话。在这个静悄悄的天地里，他笑谈他的人生履历，显得淡定从容。特别是他的童年，更让人相信"三岁看大，七岁看老"的俗语，蕴含着多少透彻的真理。现在分析那个时候的徐向东，就不难看出已经有了成功影子的雏形，只是一般人难以看破。从他走过的路、品尝过的酸甜苦辣，还像在昨天，时不时拉近了距离，常常还带着调侃的味道，他会对你说，我上学时间短，仅是初中毕业，其实水平也不高，也曾经因不谙世事，年少时竟然与老师发生过意外冲突。现在不会把内心世界向外表达得淋漓尽致，但我心里清楚，会品不会说。但你和他面对面交谈时，你随着他的侃侃而谈，走进他的内心世界，也品味了他内心世界所处的高度。你才发现他语言的丰富，逻辑思维的缜密，出口成章的张力，让一个饱学诗书者也会自愧不如，似有听君一席话胜读十年书的喜悦。有人说，人生如戏，全靠演技，我觉得不仅如此，而且还得靠实力。而徐向东在他的人生这幕大戏中，出场的时候和许多人几乎一模一样，低着头弯腰凝视着这块土地，走着走着就拉开了距离。

在我看来，徐向东是一位哲人，一个思想深邃深谋远虑的探索者，他的浑身闪现着智慧的底色和行动的一马当先。他的身上不仅有着成功企业家的符号，还兼具诗人的气质。他把自己的人生写成了诗，把企业也做成了诗一般的意境，让人慢慢品味与琢磨，他的诗和远方无不折射着智慧的光芒。

面对一次次人生挑战，徐向东则轻描淡写地说道："我天生就不怕挑战，不服输，充满自信，进入状态快，就像一个运动员，属于比赛型选手，一进入赛场就兴奋了起来，任何困难我都敢去闯，让困难屈服于你，是人生的最高境界。"别看这句轻松自然的话，则道出了他的胆识和智慧，不是那种一时意气的鲁莽草率，是他深思熟虑的人生探索。

对于企业如何发展，如何才能赢得市场，保持旺盛的生命力，徐向东掏心掏肺说出了心里话："诚信赢天下，是响沙酒业发展的座右铭，是我终生不变的信条。企业产品要靠质量取胜，我们不打价格战，因为打着打着质量就没有了，做生意要走品质路，因为走着走着口碑就更好了。能够征服市场的，永远不是暴利，而是长久稳定；能够感动人心的，永远不是语言，而是互利互惠的行动。人品要拿诚信做保证，酒品就是人品。做人要大气有格局，才能聚拢人心，聚了人心，就会迎来财气。我们要打造'百年老店'，就绝不能搞短期行为，更不能做欺世盗名、弄虚作假和有损消费者利益的事。"这是他在人生路上总结出的又一经典。前行路上的每一步，其实都是人生丰碑的记录。

赠人玫瑰，手有余香。在扶贫济困、奉献爱心上，他就像一个见义勇为者一样挺身而出，只求耕耘，不问回报。这是他做人的准则，也是他行动的指南。事实证明，他做得完全正确，这个世界只要你给了人温暖，其实自己也会温暖。

在面对困境家庭的困难孩子，徐向东总是想方设法给予他们帮助，让他们学有所成："宁可让自己穷了口袋，也要让孩子富了脑袋。富了脑袋，就会装满口袋。"物质匮乏可以锻造强大的精神，但不能断炊，这就叫考验。送教育送知识，能使人拥有一生的爆发力，财富便像涓涓溪流，一路欢歌。

作为一家民营企业的老总，徐向东对党有着深厚的感情，党的恩情让他永生难忘。党是定海神针，党是指路明灯："党建引领是企业之魂，诚实守信是企业之本，创新发展是企业之源，传承文化是企业之根。"这是徐向东把一个停产的困难企业，再造为今日的阳光企业的肺腑之言。多年来，响沙酒业立足抓党建，抓出了大作为。他们在党建的引领下，举旗定向，布局谋篇，凝心聚力，坚持走诚实守信、创新发展、传承文化之路，使响沙酒业路子越走越宽，成长为步伐坚定昂首阔步的明星企业。

面对成绩，徐向东保持着清醒的头脑，谦虚谨慎不骄不躁，奋发向上是他永远追寻的目标："成就和荣誉只能说明过去，并不代表未来，未来还需要继续奋斗。我要用生命和全部精力，呵护她，打造她，使响沙酒业成为内蒙古的'百年老字号'，成为全国的驰名品牌，成为全国白酒行业的知名企业。"他是这么说的也是这么做的，这一目标虽然已经取得重大突破，但他绝不躺在功劳簿上，享受一时的欢乐，而是依然使劲划桨奋力前行。

徐向东对团队精神看得比什么都重要，他始终认为团队的凝心聚力是企业发展的根本："心在一起叫团队，人在一起叫聚会。一个人走得很快，一群人走得更远。"这是他常说的一句话，也是他身体力行的一生追求，只有好的团队，才能创造好的经济效益。没有最好，只有更好。

在艰难的人生摸爬滚打中，徐向东始终牢记空谈误国、实干兴邦的道理，坚持知行合一、真抓实干，做起而行之的行动者，当攻坚克难的奋斗者，在摸爬滚打中增长才干，在层层历练中积累经验，让他有了更深刻地认知："人生就是财富，经验在于积累。苦难是最好的导师，我如果没有经历过那么多的磨难，或许就没有我的今天。"

理念是企业的灵魂和大脑。为了把响沙酒业做大做强，以徐向东为首的响沙人，多年来，在理念的追求上下了大工夫，利用集体的智慧，构建起了公司发展的九大理念。第一是党建理念：抓好党建促关键，党旗飘扬指路灯，党员带领职工干，工匠精神岗位拼。第二是经营理念：市场是海，企业是船，质量是帆，经营是舵。第三是产品理念：传承工匠精神，追求精益求精。第四是销售理念：产品做到零缺陷，服务做到零距离，客户做到零投诉。第五是学习理念：学以致用，学无止境，让学习成为一种生活方式。第六是创新理念：创新突破，稳控品质，推陈出新，淘汰落后。第七是服务理念：需要理解的是客户，需要改进的是自己。第八是合作理念：理让三分，利让七分，一次合作，永久相伴。第九是行为理念：注重个人形象，提升产品形象，展示企业形象。

"遍地是黄金，放手让你捡，你永远也捡不完。不要嫉妒别人，做好自己就是最大的成功。"这是徐向东脚踏实地的真实写照。向他人学习，取他人之长是他不懈的追求。他认为，做任何事情，不能脱离实际，要有自知之明，不能好高骛远，不切实际，不是你的永远也得不到，是你的努力了就跑不了，所以他成功了。

"商海如同战场，一着不慎就可能满盘皆输；人生就是棋局，只有认真下好每一盘棋，你才会减少失误，走向成功。"这是徐向东在商海摸爬滚打三十年的经验总结，是一笔宝贵的财富，不仅做好了自己，也能启迪他人。

"友善是做人的根本，大度是能否走远的标杆。"在徐向东的心里，友善是传家之宝，是人生不灭的灯火，大度是追求伟大或卓越的必备条件，斤斤计较的人不可能走得很远，也很难取得成功，很可能半路被淘汰，即使成功了也是偶然或侥幸。

"一个企业的老板只是引领和核心，只有老板超人的智慧还远远不够，只有全体职工的智慧才能构建企业发展的宏伟大厦。"在企业发展壮大中，只有员工的素质整体提高了，众人拾柴火焰高，否则企业就难以发展，难免会走入水中月镜中花之境。

　　"忍别人不能忍的痛，吃别人吃不了的苦，就是为了收获别人得不到的收获。"在尝遍了人世间的酸甜苦辣咸之后，徐向东成功了，当他回望自己的人生之路时，不免感慨万千。这不是一句空泛之语，这是用心血和汗水铸就的人生格言。

　　"在困难面前受阻就是能力不足，常遇到解不开的疙瘩，就是学习不够，常埋怨命运不济，就是观念滞后，造成误会，就是沟通不够。"在经过千锤百炼之后，这是徐向东对"能力""学习""观念""沟通"的总结，也是他看淡世事大彻大悟的最好诠释。

　　"心态决定一个人的成就和高度。拥有一个好心态，看山山青，看水水秀，看花花艳，看人人亲。否则就是另外一种样子，或一筹莫展，或自暴自弃，再没有第二条出路。"这就是谋略超群，胆大心细的徐向东的自我画像，和"艺高人胆大，胆大艺更高"如出一辙。

　　"没有卖不出的产品，只有卖不出产品的人，没有劈不开的柴，只是斧子不够快，不是市场不景气，只是脑袋不争气。"这是徐向东对自己创业历程的概括，一切都是事在人为，没有翻不过的山，没有不下雨的老天爷。

　　在谈到学习的重要性时，徐向东感慨地说："提升自己，比仰望别人更有意义。"就如同古人所言"临渊羡鱼，不如退而结网"一样。这是徐向东从内蒙古大学总裁班毕业后，在总结自己的学习之路时的感触，这条路像一盏明灯，照亮了自己，指引了他人。

　　"伤疤是男人的勋章，是穿越荆棘林的记载，是攀登高山险阻的明信片。在成长历练中，每一个有担当的男人都会印上人生的伤疤，而且还是永恒的记忆。记住往日那些不堪的历史，在追梦的路上才能迈出铿锵的步伐。"对于徐向东来说，他承载得越多，感悟得就更深，走得就更远。

对于人生，徐向东看得深也看得远，他始终认为并付诸实施的人生定律："心灵深处的懂得，胜过千言万语的说教；精神层次的认同，超越风尘俗世的灌输。有些人总会慢慢地淡出你的视野，慢慢地在你的记忆里走向模糊，肤浅的人，要的是观众；深沉的人，要的是知己。"

"不要把自己活得像落难者一样，急着告诉所有人你的不幸，让他人去同情。总有一天你会发现，酸甜苦辣要自己尝，漫漫人生路要自己走，你所经历的在别人眼里都是故事。也别把所有的事都掏心掏肺地告诉别人，成长本来就是一个孤立无援的过程，你要努力强大起来，然后独当一面。响沙人分享！"这是徐向东在2021年8月1日晚，发在朋友圈的一段话，画面是响沙假日酒店及达拉特树林召夜色的一段视频，他告诫每一个响沙人要把成长过程中的苦乐酸甜埋藏在心底，努力前行，迟早会强大起来。这是徐向东多年来的一个习惯，每每把一些感悟发在响沙酒业群及朋友圈，和响沙人与朋友共享，其实也是和所有奋斗者共享。

"祖国在前进，党正在发展，我正在成长，党已深深地烙在我心中。党在我心里是一座丰碑，是一个灯塔，是一面旗帜，让我敬仰，引我前进，促我奋进。响沙人分享！"这是8月2日，在响沙酒业举办达拉特旗工商联轮值主席活动时，在座谈会上，各企业代表济济一堂，就学习贯彻习近平总书记"七一"重要讲话精神，落实达拉特旗第十六届党代会精神及民营企业党建工作进行座谈交流。响沙酒业董事长徐向东在会上介绍了企业生产经营情况和党建特色做法。本次活动由旗工商联副主席、响沙酒业董事长徐向东担任轮值主席，与会人员在活动中还参观了响沙酒业党建文化馆和生产车间。

散会后，徐向东有感而发，把他的感受发予朋友圈共同分享。

"企业党建工作，就是要引导和教育员工端正认识、振奋精神、明确方向和目标并为之而奋斗，让员工产生一种来自精神的动力，并由无形的精神价值转化为有形的物质价值，使党建工作真正发挥企业改革发展的助推器作用。响沙人分享！"这是 2021 年 8 月 4 日下午，达拉特旗委常委、组织部长苏振平、副部长贾军、韩忠等领导莅临响沙酒业考察工作后，徐向东分享的感悟。

　　这次考察中，在响沙酒业全新打造的占地面积近 3000 平方米的党建文化馆内，苏振平部长一行详细听取了展馆的建造初衷、设计理念、亮点特色等介绍，认真察看了展馆内展出的百年党史及企业文化，对民营企业提高政治站位重视党建工作、拿出专项资金打造党员学习教育阵地、注重党建经验的总结与宣传，将党建工作与企业经营高效融合的做法给予了充分肯定。

　　在旗组织部领导考察结束后，徐向东把抓党建，使企业大踏步前进的真切感受发在了朋友圈。

　　这就是一个民营企业的掌舵者，把他的灵魂之旅和思想长考，用动态的形式在单位群和朋友圈不断更新，分享他的喜悦、欢乐和精神寄托，这就是一个民营企业家的敬业所在和不懈追求。徐向东是一个热爱事业的人，倾情投入不懈追求，他的经历史就是一部跋涉史，更是一部攀登史。他的每一次人生转换，对他来说，就如同换乘公共汽车一样简单，总在寻找着人生之路的最佳线路。徐向东无疑是一本书，是一本饱含哲理的书，越读越有韵味，读深读透方能品味出其中真正的内涵和意蕴。

第十八章 追梦路上 大道至简

乌拉山前黄河湾，湾湾里头一条船。

响沙五粮盛名传，逆水行船好汉扳。

　　多年来，在各族人民的共同努力下，达拉特旗的经济社会发展取得
了重大成就，特别在生态治理上取得了前所未有的突破，从库布其沙漠
的沙进人退到绿进沙退，从大风起兮沙飞扬到绿浪翻滚的广阔草原，无
不凝聚着达拉特人的智慧、汗水和心血。黄河几字湾南岸的达拉特旗库
布其一带，从昔日的风沙源变成了北疆的后花园。旗境内的十大孔兑和
黄河治理也取得了丰硕成果，农业土地的开发、新农村的建设突飞猛进，
达拉特旗正在从北国大地上奋勇雄起，"亮丽黄河湾，多彩达拉特"已成
达拉特旗一张亮丽的名片，人民生活幸福安康，赓续前行。毛卜拉孔兑
和黄河交汇形成的丁字湾里的乌兰计，也是天翻地覆旧貌新颜，村西和
村南两面的沙梁地，片片绿树把农田守护，村民既农亦牧，收入持续提
升，大把的钞票把村民的腰包鼓了起来，幸福的笑意挂在他们的脸上，
笑靥如花般安然开放。

　　而村北的黄河防洪大堤，像一条巨龙守护着秀丽、渐长的村庄，昔
日狂放不羁蛇舞龙行的逶迤河水，脾性仿佛温顺、恬静了许多。乌兰计
河头形成万亩滩涂湿地，天鹅、鸿雁、鸭子、灰鹤、鱼鹰时常在平静的
水面上游玩、觅食，飞起落下，谈情说爱，享受魅力无限的天伦之乐，
就是群落与群落之间，也是和平相处，没有弱肉强食的强迫和侵占，呱

呱呱的叫声随着翅膀的开启合拢，一股股细浪微波向岸上传来。滩套湾里村民们拉网捕鱼，一年四季成为渔夫的乐园。乌兰计打鱼的划划还时常漂游在黄河岸畔，续写着《乌兰计划划》这首山曲儿渔歌，宛转悠扬的《乌兰计划划》时常从乌兰计的黄河岸畔响起：

乌拉山前黄河湾

河湾里头一条船

风平浪静鱼水欢

妹妹坐船哥哥扳

乌兰计划划歌不断

翠兰耕田我扳船

铁锅炖鱼响沙酒

八方宾客来游玩

春风吹来浪花笑

山曲唱咱乌兰计好

河水哗哗鱼儿跳

乌兰计划划代代漂

这首颂扬乌兰计的渔歌，是新时代乌兰计的缩影，饱含深情地吟唱着时代的赞歌。昔日凄婉、悲情的《扳船调》早已不复存在，只留在人们的记忆里，稍有触碰就是血淋淋的疼痛。诞生于黄河湾里达拉滩的民歌《我家住在黄河湾》：

男：我家住在黄河湾

湾湾上驶过九十九条船

船上坐着水格灵灵的你

192

　　　　你是哥哥的心肝肝……
　女：我家住在黄河湾
　　　　九十九个艄公把船扳
　　　　扳船那个虎格生生的你
　　　　你是妹妹的命蛋蛋……

　　《我家住在黄河湾》与古老民歌《扳船调》两首情歌诞生的时代不
同，给人的感受也截然不同，一个是离愁别绪的肝肠寸断，一个是喜上
眉梢的心花怒放。

　　而另一首欢快、激越的旋律，从乌兰计骄子徐向东的胸中一次又一
次唱响，这首传唱甚广的西部原唱民歌《响沙千里一壶酒》，是一首带着
泥土清香的黄土风情之歌，激越欢快的曲调，时常从大街小巷迂回折返，
让人驻足聆听，一不小心就闯入了人们的灵魂深处，让人兴奋、陶醉。

　　　　风从高原来
　　　　黄河向东流
　　　　流过浩浩荡荡情悠悠
　　　　一路九曲不回头
　　　　黄土生五谷
　　　　沙海深水流
　　　　我那海海漫漫米粮川
　　　　一杯清香醉心头
　　　　天下黄河湾湾里走
　　　　响沙千里一壶酒
　　　　乡愁如梦不醉不休
　　　　生生世世长相守

黄土生五谷

沙海深水流

我那海海漫漫米粮川

一杯清香醉心头

天下黄河湾湾里走

响沙千里一壶酒

乡愁如梦不醉不休

生生世世长相守

天下黄河湾湾里走

响沙千里一壶酒

岁月不老　大河奔流

风里雨里一起走

岁月不老大河奔流

响沙千里一壶酒

　　《响沙千里一壶酒》这首歌，大气磅礴，朗朗上口，尽显高天流云般本色，具象深远，韵味独特，唱出了响沙水的甘甜，唱出了响沙酒的香醇，唱出了黄河一泻千里的豪壮，唱出了黄河几字湾扇形冲积平原以河而兴的绵延富庶，唱出了响沙酒业的风花雪月，唱出了徐向东醉上心头的如梦乡愁。

　　达拉特这块放眼一马平川的地方，这片瓜果飘香粮满仓、牛羊成群马驰骋的神奇之地，这块富有灵气和活力的大美之乡，就是徐向东魂牵梦萦永远眷恋的家乡，在号称"来了你就不想走，走了你还想来"的梦幻之地，徐向东用全部的热情在这片土地上深耕不辍，砥砺前行，承载着这块土地的叮咛与嘱托、责任和担当。

　　自古英雄出少年。当我沿着徐向东的足迹，从童年、少年、青年、中年一路走来，我发现了他有着许多过人之处，对于我们来说，不是学不来就是学不会，倘若按照邯郸的做派，按照徐向划出的线路图，第一步该出左脚还是右脚，走着走着，你就会偏离了航向。徐向东的成功绝非偶然，而是出于必然，闪亮登场只是或迟或早的事。他最大的特点是能力出众，处心积虑，胆识过人，破釜沉舟，这是一般人不具备的基本素质。有人说，只有向前看的人，才能拥抱大海。我感觉，徐向东不仅能拥抱大海，而且能够拥抱整个星空。

俗话说：一个篱笆三个桩，一个好汉三个帮。因而一个人要想成就一番大业，没有贵人的力挺和扶持，单凭个人的单打独斗是远远不够的，在这个时候名师指路、贵人相助就显得特别重要。在这方面，徐向东深有感触，体会最深，他深知借力使力不费力的法则。他说："朋友是一个人一生的财富。"他尤对作家柳青在《创业史》中的："人生的道路虽然漫长，但紧要处常常只有几步，特别是当人年轻的时候"的话感触非同一般。他说："紧要处那几步没有贵人的帮扶、拉扯绝对不行，任凭你浑身绑上刀子，你也难上刀山，难下火海。对于生命中的贵人，你要永生善待他，才能折射出你人生的光华，绽放出你人性的光芒。"

对于给予他帮助的酒界顶级专家，他更是刻骨铭心，感恩不已，他们是他生命中永远的贵人。没有他们用力把他扶上了马，他就不可能成为"威武雄壮"的"套马汉子"。对于这些专家是他心目中的酒神，他视若神灵一样对待。徐向东有事无事经常去拜访他们，虚心向他们请教，了解当前白酒研发最前沿的信息，从中取经，供他所用。这些有功之臣，曾助他一臂之力，让他永生难忘，知恩图报是他永远的做人信条。在每一次的重大活动中，这些蜚声酒坛的专家老师，是他必请的座上宾，一时缘一生恩。而在寻常时期，只要专家们有闲暇，他常请他们到厂指导，顺便散心旅游，打发老年人的寂寞时光。

内蒙古轻工科研所高级工程师、国家一级酿酒师、一级评酒师、高级酒体设计师张秀英女士，是他跨入酒界的引路人，是研发响沙五粮清香酒的首要功臣。她热爱工作，勤奋钻研，不分寒暑，不知昼夜，从春干到冬，从黑干到明，一次次的勾调、品试，终于看到了黎明前的曙光。中国白酒协会副会长、中国白酒专业协会专家组组长、中国白酒专家沈怡方，自治区白酒协会名誉顾问、高级工程师、自治区白酒专家范仲仁等多名高级白酒专家，都是他最敬重的人。沈怡方、范仲仁两位专家在响沙酒业品酒之余，写下了"响沙美酒誉满神州"几个大字。国家级白酒专家赖登燡对响沙五粮清香酒舌尖上的感知作了优化。写下了"传承酿酒文化，永铸响沙品牌"和"聚草原灵气，酿五谷精华"的珍贵墨宝。江南大学副校长、博士生导师、国家级白酒专家徐岩教授，认为"南有中国浓香五粮液，北有响沙清香五粮酒"。就是这些专家对响沙五粮清香酒的中肯评价，让响沙酒声名鹊起。否则，响沙酒就不会有今天的辉煌成就，就是再好的酒也是无人问津，说不定还是"养在深宫人未识"，难识"庐山真面目"。因此，他们是徐向东生命中永远的贵人。

朋友用心交，父母拿命孝，是徐向东的一贯主张和人生所为，重情重义是他永远恪守的人生信条。

周志功就是一位值得尊崇的人物，可以说是徐向东人生路上的伯乐。周志功在掌管响沙酒业的数年中，为响沙酒业的发展作出了不懈努力，取得的成就有目共睹。但在因故不能经营达旗酒厂时，在众多老板虎视眈眈聚光响沙酒业时，他的目光盯在了徐向东的身上，并且果断选择了徐向东，把接力棒传在了一个值得信赖的人手中，也为他人生的决策书写了辉煌的一笔。千里马常有，伯乐不常有，这句被世人所推崇的话，不仅含有战略眼光，也蕴含着科学发展的崇高境界。就像东汉末年的刘备，倘若他不广招贤纳士，不去三顾茅庐请隆中诸葛亮，文韬武略和气魄远远不及曹操和孙权的刘备，也就不可能称霸一方。时势总是在造就英雄，英雄适时踏着时代的节拍悄然降临。现在可以事后诸葛亮地说，没有周志功的发现和力荐，在鄂尔多斯高原，可能缺少一个在酒界叱咤风云的人物，徐向东可能错过一个商机，继续打造他的商业王国和餐饮事业。

历史总是在时光流动中，证明选择继任者是英明还是败笔。如果选择正确了，一项伟大的事业就会迎来灿烂的曙光和光明的前程；如果选择错了，不仅会留下遗憾和事业的终止，还会留下后人的声讨和骂名。一个国家如此，一个企业也是如此。

而与酒厂生死与共的李建军，是徐向东人生之中的另一位贵人。他不仅在徐向东对响沙酒厂有些动心的关键时刻，坦然地为他指点迷津，出谋划策，立下了汗马功劳。如果他不鼓励徐向东接手响沙酒厂，不能够坚定地站出来鼎力支持徐向东，而是相悖而行，打了背炮，让徐向东对当时还属烫手山芋的酒厂一旦失去了信心，不说响沙酒业现在究竟怎么样，但肯定没有今天在酒业界声名鹊起的徐向东。在徐向东入主响沙酒业后，李建军也一直辅佐左右，鞠躬尽瘁，不遗余力。近二十年间，李建军不仅是徐向东的谋士，还是一名难得的实干家。他俩的合作共事，是志同道合的莫逆之交，也是作为朋友间同舟共济的一种典范。随着徐向东的成长，李建军也在不断成长。他不仅成长为响沙酒业的总经理、党委副书记兼工会主席，还是一名响沙酒业自己培养起来的行家里手、国家级技师。最让徐向东推崇和欣慰的是，李建军与他始终陪伴在一起，是响沙酒业默默无闻的老黄牛，一心扑在工作上，全身心为企业服务，他工作起来不说早晚，不分白昼，没有节假日，也没有上下班的时间概念，只求付出不言回报。在企业困难的时候，他不离不弃，忍辱负重；在企业兴旺的时候，他从不居功自傲，摆老资格耍大牌，追求既得利益，还是一如既往沉浸在工作中。他不仅是响沙酒业一名出色的企业管理者，也是一名优秀的共产党员。

齐维军作为徐向东银信部门的挚友，他是徐向东掏心掏肺的圈中好友，也是徐向东同船共渡情深意长的生死之交。在徐向东正欲接手响沙酒业，急需资金支持的关键时刻，当徐向东向他发出求助时，他不计名利鼎力相助，不仅自己倾囊而出，而且还亲自出面"求神拜佛"，从四面八方广泛"化缘"筹资支持徐向东。在这个经济社会高速发展物欲横流的时代，有的人为了一己之利，信誉时有失守甚至坍塌，让人担惊受怕，而齐维军顶住巨大压力，把朋友的事情当作自己的事情，冒着投资一旦失败，借款就有可能付诸东流的风险，毅然决然地给徐向东筹钱，精神可嘉难能可贵，他们的君子之交成为朋友间谈论的佳话。

　　类似这样的贵人和朋友还有很多，在徐向东来说，创业需要这样的朋友，守业更需要这样的朋友，成就伟业更是须臾不可离开。

　　有人说，响沙酒因有了徐向东的存在，在竞争日趋激烈的酒市占有一席之地，坚守本色，发扬光大，血脉传承。这是响沙酒的荣幸，也是达拉特大地的骄傲。这座历史丰碑的建立，确实来之不易，这是劳动的汗水浇灌的结果，也是智慧的象征，质量的验证，更是艰辛跋涉的里程碑。

　　荣誉是企业质量的象征，金杯银杯不如口碑，响沙酒业的成长史，不是凭空杜撰出来的历史，也不是激扬文字宣传出来的历史，更不是拉票拉出来的历史。这一壶沉甸甸的响沙老酒，完全是一部老百姓喝出来的历史，一部用真情酿造出来的历史。面对白酒市场的激烈竞争，面对消费结构的转型升级，响沙酒业为消费者酿造优质纯粮酒的初心始终如一，也是徐向东的一贯坚持。坚守匠心的响沙人，在徐向东的带领下，用汗水和深情把一粒粒精粮酿成一坛坛美酒，这些带着情感和温度的劳动成果，信心十足地走向了人心、走向了餐桌，为消费者带去了享受和满足。

　　精神是灵魂大厦的构成元素。人们常说：国无精神不强，民族无精神不兴，人无精神不立，家无精神不旺。其实企业没有精神则不长、不兴。多年来，徐向东和他的响沙酒业在成长的过程中，就是有一种精神作为灵魂和支撑，跨过了山川、踏过了险礁、走过了荆棘丛生，历经一次次的起伏震荡波谲云诡，金融危机领教过，市场疲软见识过，信贷链条断裂过，搬弄是非混淆视听偷袭过，无论何种风雨都能安然地闯了过来，不慌神也没慌脚，依靠的就是身后强大的响沙精神："党建领航，勇攀高峰的创业精神；传承匠心，专注品质的专业精神；创新发展，埋头苦干的敬业精神；追求卓越，久久为功的干事精神。"就是这种精神的坚守，让响沙酒业一步步走向了成熟，也在市场激烈竞争中闯出了一条全新之路。

响沙酒业精神的创建和发展，就是徐向东带领响沙人艰苦创业，把爱岗敬业当作己任，传承工匠精神，打造百年企业的雄心壮志的体现，也是"品质创造价值，品质赢得信任，品质铸就品牌"企业价值观守护者的传承和创造。

作为有着深厚文化底蕴的达拉特，不仅有距今5500多年的新石器时代仰韶文化晚期的瓦窑遗址，它是鄂尔多斯地区发现较早、规模较大、文化内涵较为丰富的一处重要的古人类文化遗址；被称之为蒙古文三大历史名著之一的《蒙古黄金史》，就是诞生于达拉特旗的阿什全林召，是17世纪下半叶蒙古史学家罗卜藏丹津创作的一部蒙古文历史著作，《蒙古黄金史》作为蒙古族编年史，详尽记述了蒙古族发展的历史进程，以14—17世纪的蒙古族历史史实作为该书的记载重点，呈现了从成吉思汗统治至林丹汗时期（13—17世纪）蒙古及其周边国家的历史，对研究蒙古历史、文化，特别是研究明朝（1368—1644）蒙古民族的历史、文学、政治、经济、军事、语言、宗教、医学等多学科有重要价值。而作为民族文化传承地的达拉特旗，大型民族舞剧《吉森德玛》就是取材于达拉特旗柴登草原的民间故事，是达拉特旗一位资深文艺爱好者林孝先先生几经周折收集而来，后由文艺大家以鄂尔多斯民间音乐为基调，创作的一部传播甚广的大型民族舞剧。传唱经久的蒙古族民歌《送亲歌》，也是从达拉特的展旦召草原诞生并传播的。近几年《送亲歌》的曲调摇身一变成了陕北民歌《谈不成恋爱交朋友》的曲子，各大舞台上还广为传播。其实，陕北民歌和鄂尔多斯蒙古族民歌，地域属于近邻，自古陕蒙一家亲，因而，陕北民歌与鄂尔多斯蒙古族民歌有异曲同工之处，大黄河的血脉一脉相承，不仅是相邻，而且是一岸同源，都在黄河大河流的右岸。

这些扯得似乎有点远了，而新近闪亮登场的《我家住在黄河湾》和《响沙千里一壶酒》两首歌曲，都是歌唱达拉特这片热土，都是颂扬黄河母亲河的歌曲，都是出自著名音乐人石焱之手的两首姊妹篇，尽管曲调不同，但都是来自同一血脉的异曲同工之歌，唱响了大美达拉特的传奇与神秘，以雄鹰的姿态翱翔在北国的蓝天白云下。

响沙酒业作为一家本土企业，根已深深地扎在了达拉特大地上，有一批徐向东一样夸父式的人物，背负历史赋予的使命，创造着一个又一个的传奇，续写着民族产业的新篇章。

2021年12月6日，内大总裁班微信公众号刊发了《徐向东同学：格局得到改变，境界得到提升》的报道。报道说，内蒙古响沙酒业有限责任公司董事长徐向东，是内蒙古大学EMBA课程总裁28班、35班学生。徐向东在内大总裁班学习以来，接受了很多新知识、新思维、新观念，格局和境界大大提升。作为内大总裁班学员的徐向东，是内蒙古知名企业家，内蒙古酒业协会副会长、内蒙古鄂尔多斯市商会常务副会长。他是一位学习型、专家型的企业领导者，他不仅是五粮清香酒酿造的策划者，也是餐饮文化的打造者，对鄂尔多斯乃至内蒙古的酒业文化、餐饮文化的发展做出了积极贡献。

报道说，徐向东的成就缘于不断学习和思想境界的提升。高度决定眼界，眼界决定境界，境界决定格局，格局成就事业。徐向东作为响沙酒业的董事长，十几年如一日，把响沙商标打造为中国驰名商标，响沙五粮清香研发技术获得国家发明专利，响沙酒业被评为内蒙古老字号企业，公司以白酒生产这一核心产业为主导，涉足餐饮、住宿、养老、休闲等行业，致力于打造区内领先的实业型多元化产业集团。

报道说，徐向东不仅是一位企业家，还是一位慈善家，他秉承"做受人尊重的企业"宗旨，在捐资助学、扶贫济困等方面，累计捐款捐物超过 3000 万元，用实际行动践行了企业家应有的社会责任。

随后的 2021 年 12 月 7 日，内蒙古新闻频道和北方融媒分别以《徐向东：内大总裁班的佼佼者五粮清香白酒的领创者》《徐向东：中国白酒文化的传承者内大总裁班优秀学员》作了报道。

这些报道引发了徐向东内心的波澜起伏，内大总裁班微信公众号刊发《徐向东同学：格局得到改变，境界得到提升》的报道后，徐向东引用了毛泽东主席的"学习的敌人是自己的满足，要认真学习一点东西，必须从不自满开始。对自己，学而不厌，对人家，诲人不倦，我们应取这种态度"与朋友和单位同仁共享他的喜悦心情。

面对北方融媒的文章，徐向东把他的"勤奋是成功之本。然而勤奋意味着不怕苦，不畏难，勤奋还须持之以恒，'三天打鱼，两天晒网，一曝十寒'的做法是一时头脑发热，不能算是勤奋，真正的勤奋是耐得住寂寞，在寂寞中苦苦钻研。每一个人只要在学习上刻苦勤奋，锲而不舍，就一定能成为有用的人才。我相信，我也能做到。"同样分享在响沙企业群和朋友圈。

面对内蒙古新闻频道的报道，徐向东发出了"鲜花和掌声从来不会赐予好逸恶劳者，而只会馈赠给那些风雨兼程的前行者；空谈和散漫决不会让你美梦成真，只会留'白了少年头，空悲切'的慨叹；只有学习知识才能到达成功的彼岸，千百年来要饭的都没有要早饭的，他要能早起就不至于要饭"的感叹，也同样分享在响沙企业群和朋友圈。

在徐向东的面前，鲜花有了，荣誉有了，口碑有了，甚至财富也有了。但他说，任何时候都没有停下来的理由，只有奋发图强的作为和责任的驱使。可以说，发令枪响了，就得向下一个目标一路狂奔。如今的徐向东，肩负的担子更重了，使命也更加光荣。他的麾下拥有一支呼之即来，来之能战，战之必胜上千人的精兵强将，没有攻克不了的堡垒，克服不了的难关。

响沙酒业迎八方宾朋

时代的号角已经吹响，新时代新任务是摆在徐向东面前的一项重大课题，听党话，跟党走，心无旁骛，用心做事，凝聚响沙酒业人的厚重力量，沿着第二个百年奋斗目标，响沙酒业人满怀信心一路高歌猛进。响沙酒业在徐向东的带领下，踏着稳健的步伐，把白酒这一朝阳产业将做得更精、更久、更大，在达拉特大地上矗立起一座永久的丰碑。

江山代有才人出，各领风骚数百年。从乌兰计这块土地上走出来的骄子徐向东，黄土地的厚重博大，母亲河乳汁的滋养，是他胸中的情结始终难以释怀，只要他一得闲空，他就会回到那块土地，走走看看，感受那块土地春天和风轻轻蠕动的抚摸，夏天花海的蜂飞蝶舞，秋季硕果的璀璨金黄，冬天仰望乌拉山皑皑白雪的壮观。故地的乡愁，永远搅动他滚热的心，变化快得让他有些不敢相信，只要踏上那块土地，他的心律总在加快，一种莫名的激流在胸腔中奔流。儿时的记忆依稀可见，让他总是眼含热泪，让他总是依依不舍。作为乌兰计的骄子，在故乡需要他的时候，他从来不会计较个人得失，总是果敢地冲在最前沿，把他的一片真情洒在故乡的土地上，他的心也就释然了，心底的沉重也卸下了，脱皮掉肉也在所不惜。特别是当他迎着初升的太阳站在黄河岸畔，太阳柔和的光芒为黄河敷上一层若隐若现的金纱，他聆听母亲河音乐一般的涛声，微风拂过河面，河面上立刻荡漾起粼粼波纹，这个时候的徐向东总是踏着母亲河的节奏，心之翼随之也展翅飞翔。他怀揣着人生的梦想，带领着他的响沙酒业这艘航母一路前行，以河的元素追求海的情怀，激流勇进，迎着蓬勃的日出，始终波澜壮阔，一路奔腾，如同他的名字一样，向东，向东，徐徐向东！路的尽头便是海的入口，更大的奔腾又从这里再一次开始了。

后记

2021年3月31日下午，当我采访完内蒙古响沙酒业董事长徐向东之后，我的心情一时难以平静，刚刚四十九岁的徐向东的人生传奇，在我的眼前历历在目，久久回旋，他的奋斗史正如他所言"一路艰辛一路歌"，令人称赞、敬仰和推崇。一个从小吃了很多苦的农家娃，历经农民工一样的磨砺，成长为一家民营企业的掌舵人。他那坚韧不拔的毅力，持之以恒的耐力，他那攻坚克难的魄力，与时俱进的努力，他那抱团取暖的通力，为民谋福的心力，使人为之赞叹、敬仰。这样的人不成功，谁能成功？人们相信，这样的人，迟早会成功，一定能够成功。徐向东在最艰难的时候，面对风云变幻，具有坚强的战略定力，激流勇进，迎接挑战，忠诚担当，奋进创新，一往无前。

内蒙古响沙酒业董事长徐向东，是一位土生土长的民营企业家，更是一个位抓铁有痕、踏石留印的实干家，他的奋斗故事和风雨历程，在达拉特这片生机盎然的土地上广为流传，我有义务有责任把他的一切认真记述书写下来，激励人们勇往直前。

当晚，我打开电脑，敲打着键盘，一个又一个字符跃然于眼前。此时，我听到键盘的声音，佛如滔滔的黄河水，在我的大脑里波澜起伏，徐向东的身影在我的大脑若隐若现，他的每一个脚印都是踏着黄河几字湾坚实的土地，听着母亲河乳汁般流淌的涛声，底气十足地昂首挺胸奋勇向前。他的穷则独善其身、富则兼济天下的情怀，令每一个了解徐向东或接受过徐向东爱心温暖过的人，都无不为之感动甚至落泪。为此，我力求以真实、准确的文字，把人物描写的神形兼备，文章更具思想性和可读性，为这个低调而追求卓越的民营企业家，勾画出他的本真色彩。为了早日完成创作，我白天采访夜晚写作，常常写到深夜两三点，我紧锣密鼓用了4个月的时间，在庆祝党的100周年诞辰的当月完成了13万余字的文字初稿。

徐向东的人生传奇，可以说是"徐向东现象"也并不为过。我用心用力刻意把徐向东的人生形象展示出来，力求完美地呈现一个奋斗者的精神世界。平心而论，我在构思和写作过程中，尽我所能活化每一段文字、细节及至篇章结构。现在呈现在眼前的这些带着温度的文字，一股暖流再次涌上了我的心头，拍拍胸脯，已无多少缺憾，良知告诉我这就够了，我还能说什么呢？

在这部书成稿过程中，我向达旗延安精神研究会副会长兼秘书长徐茂飞老师谈了初步构想，得到了学识渊博的徐老师的鼎力支持和鼓励，给了我信心，给了我动力。中国四大名著《水浒传》《三国演义》《西游记》《红楼梦》及《官场现形记》《儒林外史》等都是章回小说的典范，我尝试把纪实文学也以章回体形式去表述，结果让我如鱼得水，像我身边的黄河一样纵情奔流。

初稿完成后，得到内蒙古作家协会副主席张凯、本土作家、诗人刘建光（九曲黄河）、高娃、韩彩霞等朋友的倾力支持和鼓励，他们不遗余力认真研读，提出了十分宝贵的意见和建议，让我受益匪浅。我的莫逆之交达拉特旗延安精神研究会副秘书长苏培成老师，从写稿起始就一直关注着我的写作进程，经常和我交流、沟通，提出一些中肯的看法。在初稿完成后，苏培成老师又从文字表达到大小标题，字斟句酌进行了全方位的补位和纠偏，让我不胜感激，铭记在心。

我生在达拉特，长在达拉特，工作在达拉特，退休后依然坚守在达拉特。这里是我深爱的、一生也不愿走出去的地方，包括梦想。我作为达拉特的儿子，这片土地给了我太多的激情和眷恋，我有义务有责任为这片热土而歌，为像徐向东一样奋进的创业者而歌，为这块土地上奋斗不息的人群画像，为开拓奋进、蒸蒸日上的达拉特拍掌叫好。横卧在黄河几字湾里的达拉特，山河逶迤，春潮涌动，在风起云涌的时代浪潮里不畏艰难、一路前行，我全身心投入到这股洪流中，与壮美的达拉特旗相携相伴一路同行一路高歌。

在《大河向东流》一书即将付梓之际，写下如许文字，是为后记。

2022 年 5 月 8 日晨